ANNETTE LEO

Das Kind auf der Liste

W0180494

atb aufbau taschenbuch

ANNETTE LEO, geboren 1948 in Düsseldorf, lebt als Historikerin und Publizistin in Berlin. Zahlreiche Veröffentlichungen. Zuletzt erschien bei Aufbau ihre erfolgreiche Biographie über Erwin Strittmatter.

Am Anfang gab es nur einen Namen auf einer Liste. Auf den zwei eng beschriebenen Seiten stehen 200 Kinder und Jugendliche. Zwölf Namen sind ordentlich mit Stift und Lineal durchgestrichen. Auf einem Zusatzblatt stehen zwölf weitere Namen, ebenfalls von Kindern und Jugendlichen, die an die Stelle der Durchgestrichenen rücken sollten. Liste und Zusatzblatt wurden am 25. September 1944 in der Häftlingsschreibstube des KZ Buchenwald getippt. Es handelte sich um eine Transportliste nach Auschwitz. Der letzte Name, die Nummer 200 – Zweig, St. –, ist ebenfalls gestrichen. Hinter der Nummer 200 auf dem Zusatzblatt steht der Name Blum, Willy. Annette Leo hat zum ersten Mal die Geschichte des Sinto Willy Blum und seiner Familie recherchiert. Sie ist berührend, tragisch und handelt doch von etwas, das Mut macht: von der Liebe zweier Brüder und einer Familie, die in dunkelster Zeit fest zusammenstand.

ANNETTE LEO

DAS KIND
AUF DER LISTE

Die Geschichte von
Willy Blum und seiner Familie

*Mit einem Vorwort
von Romani Rose*

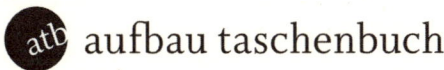 aufbau taschenbuch

Mit 24 Abbildungen

MIX
Papier aus verantwor-
tungsvollen Quellen
FSC® C083411

ISBN 978-3-7466-3431-9

Aufbau Taschenbuch ist eine Marke
der Aufbau Verlag GmbH & Co. KG

1. Auflage 2018
© Aufbau Verlag GmbH & Co. KG, Berlin 2018
Umschlaggestaltung zero-media.net, München
unter Verwendung eines Bildes aus dem Privatarchiv
Gesetzt aus der Achille FY L durch die LVD GmbH, Berlin
Druck und Binden CPI books GmbH, Leck, Germany
Printed in Germany

www.aufbau-verlag.de

INHALT

»Das Schlimmste für mich ist, dass diese Menschen keine Geschichte hinterlassen. Wir können nur über ihren Tod sprechen, wie ich das heute tue. Und das ist für mich ein großer Schmerz. Sie haben keine Nachkommen, mit denen man reden kann. Es gibt keine Geschichten, an die man sich erinnert, und das ist eigentlich das Schlimmste für mich.«

ELLA BRAUN, NICHTE VON WILLY BLUM

VORWORT

Im Mittelpunkt dieses Buches steht die Geschichte von Willy Blum, der mit sechzehn Jahren in Auschwitz-Birkenau ermordet wurde, nur weil er als Sinto geboren worden war. Sein gewaltsamer Tod ist mit einem weiteren Verfolgungsschicksal auf tragische Weise verwoben: dem des jüdischen Kindes Stefan Jerzy Zweig. Was sie verbindet, ist eine gemeinsame Nummer auf einer zweiseitigen Liste samt Zusatzblatt: Es handelt sich um eine Transportliste nach Auschwitz, die Ende September 1944 im Konzentrationslager Buchenwald zusammengestellt wurde und die die Namen von 200 Kindern und Jugendlichen umfasst. Der letzte, hinter der Nummer 200 stehende Name auf der Liste »Zweig, Stefan« ist durchgestrichen, auf dem Zusatzblatt steht statt seiner hinter der gleichen Nummer »Blum, Willy«. Die Namen wurden offenkundig nachträglich ausgetauscht, zusammen mit elf weiteren Namen. Wie es dazu kam, davon erzählt Annette Leo in diesem Buch, das gleichzeitig die Geschichte einer deutschen Sinti-Familie ist.

Ungeachtet aller komplexen Zusammenhänge im Detail bleibt festzuhalten: Sowohl Stefan Jerzy Zweig, der überlebte, wie auch Willy Blum, der ermordet wurde, sind unschuldige Opfer einer zutiefst menschenverachtenden Ideologie, die der Vernichtungspolitik des NS-Staates zugrunde lag und der sechs Millionen Juden und 500 000 Sinti und Roma zum Opfer fielen. Es ist das Verdienst dieses Buches, dass es dieses Menschheitsverbrechen – dessen Dimension notwendigerweise abstrakt und damit unvorstellbar bleibt – am Beispiel der Verfolgungsgeschichte von Willy Blum und seiner Angehörigen konkret veranschaulicht.

Wie die Geschichte der Marionettenspieler-Familie Blum eindrucksvoll bezeugt, sind Angehörige unserer Minderheit schon seit Generationen in Deutschland verwurzelt, sie sind Bestandteil der deutschen Kultur. Mit der Machtübernahme der Nationalsozialisten begann ein Prozess der Entrechtung und Ausgrenzung unserer Menschen, der schließlich in den Gaskammern von Auschwitz-Birkenau enden sollte. Doch macht dieses Buch zugleich deutlich: Sinti und Roma – und das gilt selbstredend auch für alle anderen Verfolgten des NS-Regimes – wurden nicht als Opfer geboren, sondern sie wurden zu solchen erst gemacht: von einem verbrecherischen Staat und seinen willfährigen Helfern in Polizei, Wissenschaft und Verwaltung.

Während der Name Stefan Jerzy Zweig als »das Buchenwald-Kind« aus Bruno Apitz' Roman »Nackt unter Wölfen« weltweit bekannt wurde, verblieb Willy Blums Leidensgeschichte im Schatten der öffentlichen Wahrnehmung und der historischen Erinnerung. Weder im

Roman selbst noch in der bekannten Verfilmung von Frank Beyer aus dem Jahr 1963 wird der junge Sinto erwähnt. Dass Willy Blum in der von der ARD ausgestrahlten Neuverfilmung von »Nackt unter Wölfen« aus dem Jahr 2015 erneut ausgeblendet wurde – obwohl sein tragisches Schicksal und seine Verbindung zur Geschichte von Stefan Jerzy Zweig zu diesem Zeitpunkt längst bekannt waren –, hat den Protest des Zentralrats Deutscher Sinti und Roma hervorgerufen. Vor allem haben wir kritisiert, dass auch in der direkt anschließenden TV-Dokumentation über das Konzentrationslager Buchenwald weder Willy Blum noch die Tausende dort inhaftierten Sinti und Roma mit einem einzigen Wort erwähnt wurden.

Als Reaktion auf unseren Protest lud Peter Reif-Spirek von der Thüringer Landeszentrale für politische Bildung den Drehbuchautor Stefan Kolditz und mich nach Weimar zu einer Podiumsdiskussion ein. Annette Leo moderierte die Veranstaltung, und daraus erwuchs schließlich die Idee, dass sie dem Verfolgungsschicksal von Willy Blum nachgehen sollte, um diesem offenkundigen Erinnerungsdefizit etwas entgegenzusetzen. Das Ergebnis ihrer akribischen Spurensuche ist die vorliegende Publikation.

Mein Dank geht an Peter Reif-Spirek, dessen Initiative und Engagement dieses Buch erst möglich gemacht haben. Sehr herzlich danke ich Annette Leo, die sich diesem schwierigen Thema behutsam und respektvoll angenähert hat. Ihr einfühlsamer Text zeugt nicht nur von der Fachkompetenz einer renommierten Historikerin, sondern auch von großer Sensibilität gegenüber den Opfern und ihren Nachkommen – und das ist alles andere als selbstverständlich. Ich freue mich sehr, dass dieses Buch sowohl in der Schriftenreihe der Landeszentrale für politische Bildung Thüringen als auch im Programm des Aufbau Taschenbuch Verlages erscheint und so hoffentlich auch den Weg in die schulische wie außerschulische Bildung findet.

Vor allem jedoch danke ich Ella Braun und ihrer Mutter, der inzwischen dreiundneunzigjährigen Auschwitz-Überlebenden Elli Schopper. Ihrer beider Erinnerungen sind in dieses Buch eingegangen. Elli Schopper berichtet vom unsagbaren Leiden der Sinti- und Roma-Kinder, an denen Mengele in Auschwitz seine mörderischen Versuche vornahm. Ihre Tochter erzählt von Diskriminierung und Ausgrenzung, die sie als Heranwachsende in der bundesrepublikanischen Nachkriegsgesellschaft erfuhr, aber auch von ihrem langjährigen Engagement für die Bürgerrechtsbewegung der deutschen Sinti und Roma als Konsequenz dieser demütigenden Erfahrungen.

Die Überlebenden und ihre Nachkommen, die im Schatten von Auschwitz aufgewachsen sind, wissen um den Wert der Demokratie und auch um ihre Gefährdung. Der europäische Integrationsprozess und die Versöhnung mit unseren Nachbarn nach dem Zivilisationsbruch der Nazi-Barbarei haben uns eine beispiellose Periode des Friedens und Wohlstands beschwert. Für die Zukunft unserer eigenen Kinder hängt viel davon ab, ob Europa, die vielbeschworene Wertegemeinschaft, in der gegenwärtigen Krise zusammensteht oder an ihr zerbricht.

Als politischer Vertreter der deutschen Sinti und Roma ist mir eine Botschaft besonders wichtig: Rassismus und Populismus bedrohen nicht nur die Rechte von Minderheiten, sondern sie zielen auf das Herz unserer Demokratie. Sie spalten die Gesellschaft und zerstören das Fundament unseres Zusammenlebens. Wir sind alle aufgerufen, die Errungenschaften der offenen, demokratischen Gesellschaft zu verteidigen: mit Leidenschaft und Vernunft. Auch dafür steht dieses Buch, dem ich viele interessierte Leser wünsche.

Romani Rose
Vorsitzender des Zentralrats Deutscher Sinti und Roma
im Dezember 2017

EINLEITUNG
Die Nummer 200 auf der Liste

Am Anfang gab es nur seinen Namen auf einer Transportliste nach Auschwitz, genauer gesagt, auf einem Blatt, das dieser Liste nachträglich hinzugefügt worden war. Liste und Zusatzblatt wurden am 25. September 1944 in der Häftlingsschreibstube des KZ Buchenwald getippt. Willy Blum, die Nummer 200 auf dem Zusatzblatt, so ist dort zu lesen, rückte an die Stelle der Nummer 200 auf der Liste: Stefan Jerzy Zweig. Als dieses Dokument in den 1990er Jahren der Öffentlichkeit bekannt wurde, löste es Debatten in den Medien aus und war sogar Anlass für eine gerichtliche Auseinandersetzung. Strittig waren nicht die Geschehnisse im September 1944, sondern ihre Interpretation. Der mittlerweile über siebzigjährige Stefan Jerzy Zweig, dessen Name damals gestrichen worden war, wollte der Gedenkstätte Buchenwald untersagen, den Vorgang, in dessen Verlauf Willy Blums Name an seiner Stelle auf die Transportliste gesetzt worden war, als einen »Opfertausch« zu bezeichnen. Es ist nur allzu verständlich, dass er damit die quälende Vorstellung abzuwehren versuchte, das eigene Leben dem Tod eines anderen zu verdanken. Die Listen mit den Nummern und Namen suggerierten eine direkte, persönliche Beziehung zwischen ihm und diesem Willy Blum, zwischen seiner Rettung und dessen Deportation nach Auschwitz.

Der Austausch von Namen auf einer Liste war keine ungewöhnliche Praxis im KZ-Alltag. Es handelte sich um eine der wenigen Einflussmöglichkeiten von Funktionshäftlingen, wenn sie einen Kameraden etwa vor einer Verschickung in ein gefährliches Arbeitskommando bewahren oder ihn – umgekehrt – auf eine Liste für den Transport in ein anderes Lager setzen wollten, um ihn vor einer aktuellen Bedrohung in Sicherheit zu bringen. Doch ihre Rettungsmöglichkeiten reichten nicht weit. In jedem Fall mussten die Zahlen am Ende stimmen, musste für den einen Namen der eines anderen auf die Liste gesetzt bzw. gestrichen werden.

Stefan Jerzy Zweig, der im Alter von drei Jahren zusammen mit seinem Vater Zacharias Zweig mit einem Transport aus dem Lager Skarżysko-Kamienna nach Buchenwald kam, war keineswegs das einzige Kind, das das KZ Buchenwald überlebte, aber keines wurde später so berühmt wie er. Sein Schicksal bildete die Vorlage für den millionenfach gelesenen Roman von Bruno Apitz »Nackt unter Wölfen«. Darin wird die Geschichte von heldenhaften kommunistischen Kämpfern erzählt, die einen kleinen Jungen im Lager verstecken und damit der Mitmenschlichkeit auch unter unmenschlichsten Bedingungen zum Sieg verhelfen. Der überwältigende Erfolg des Romans beruhte nicht zuletzt auf der auch vom

Autor unterstützten Vorstellung, es handele es sich hier um eine – literarisch zwar überhöhte, aber eben doch – authentische Geschichte. Das ging so weit, dass in der historischen Erzählung über das KZ Buchenwald die Grenzen zwischen Fiktion und Realität verschwammen, dass der Ort der Gedenkstätte vor allem als Folie für die Romanhandlung diente und eine Erforschung der Geschehnisse auf der Grundlage der überlieferten Dokumente lange Zeit unterblieb. Das Kind von Buchenwald wurde in der DDR zum Symbol für das moralische Engagement des kommunistischen Widerstands. Zusammen mit dem Mythos von der Selbstbefreiung des Lagers stand die Geschichte seiner Rettung im Zentrum der übermittelten antifaschistischen Botschaft.

Die reale Geschichte des kleinen Stefan Jerzy Zweig verlief anders, widerspruchsvoller, jedoch keineswegs weniger dramatisch als die der Romanfigur. Deutsche politische Häftlinge, die in der Lagerverwaltung Funktionen innehatten, stellten den Jungen unmittelbar nach der Ankunft des Transports aus Skarżysko-Kamienna am 5. August 1944 in Buchenwald unter ihren Schutz. Sie nahmen ihn in ihrem Block auf und ließen ihn an ihren – im Vergleich zur Mehrheit der Häftlinge im Lager – privilegierten Lebensbedingungen teilhaben. Auf seiner eigens für ihn geschneiderten Häftlingsjacke trug Stefan Jerzy Zweig den roten Winkel, auf den ein P (für Pole) aufgedruckt war, darüber befand sich ein gelbes Dreieck, das ihn als Juden kennzeichnete.

Zwei Tage zuvor, am 3. August 1944, waren der sechzehnjährige Willy Blum zusammen mit seinem neunjährigen Bruder Rudolf und seinem Vater Aloys ebenfalls als Häftlinge in Buchenwald registriert worden. Sie kamen mit einem Transport von mehr als 900 Männern, Jugendlichen und Kindern aus dem sogenannten »Zigeunerlager« in Auschwitz-Birkenau. Nach ihrer Ankunft mussten sie zunächst im »Kleinen Lager« hausen. Nachdem Aloys Blum wenige Tage später zusammen mit anderen Männern aus ihrem Transport in den Stollen von Mittelbau Dora abkommandiert worden war, kamen die beiden Brüder ins Hauptlager in den Block 47. Als »Zigeuner« mussten sie den schwarzen Winkel tragen.

In Buchenwald herrschten zu dieser Zeit Überfüllung und Chaos. In rascher Folge trafen Evakuierungszüge mit Gefangenen aus den Lagern des Ostens ein. Sie wurden in das »Kleine Lager« gepfercht, weiter in Außen- und Nebenlager kommandiert oder gar zurück nach Auschwitz geschickt. Die geringsten Überlebenschancen hatten die Häftlinge auf der untersten Stufe der von der SS etablierten Hierarchie: die Juden, die Sinti und Roma, und am gefährdetsten unter ihnen waren die Kinder.

Der Unterschied zwischen der Situation von Stefan Jerzy Zweig und der Lage der völlig auf sich allein gestellten Blum-Brüder im Block 47 beschreibt die großen sozialen Kontraste, die innerhalb der Häftlingsgesellschaft herrschten. Aber auch der kleine Stefan geriet in große Gefahr, als in der letzten Septemberwoche 1944 Offiziere der Lager-SS dafür sorgten, dass sein Name auf eine Transportliste nach Auschwitz gesetzt wurde. Erst in allerletzter Minute nach einer verzweifelten Intervention eines seiner »Lagerväter«, des Kapos der Effektenkammer Willi Bleicher, konnte der Junge in den Krankenblock gebracht und vor dem Transport bewahrt werden. Um Stefan Jerzy Zweigs Geschichte jedoch wird es in dem folgenden Text nicht gehen – nicht darum, dass er danach nicht in den politischen Block zurückkehren konnte, auch nicht darum, dass die Gestapo seine Beschützer in das Lagergefängnis sperrte und wie es seinem Vater Zacharias Zweig gelang, ihn bis zur Befreiung aus immer neuen Gefahren zu retten. Seine Geschichte – die legendenhaft verdichtete wie die reale – wurde bereits geschrieben.

Hier soll vor allem von Willy Blum die Rede sein, dessen Name zweifellos ohne den Bezug zum berühmten »Buchenwaldkind« gar nicht erst in die Öffentlichkeit gelangt wäre. Doch mehr als der Name und die Tatsache, dass er in Auschwitz ermordet wurde, waren lange Zeit nicht bekannt. Als die ARD im Jahr 2015 den Roman »Nackt unter Wölfen« neu verfilmte, fand Willy Blums Schicksal weder in der Filmhandlung noch in der begleitenden Dokumentation irgendeine Erwähnung. Erst ein Protest des Vorsitzenden des Zentralrats der Sinti und Roma, Romani Rose, brachte Bewegung in die Angelegenheit. In der Folge machte ich mich schließlich auf den Weg, um nach den Spuren des Lebens von Willy Blum zu suchen. Stellvertretend für die anderen 198 Kinder und Jugendlichen auf dieser Transportliste soll hier an ihn und an seinen Bruder Rudolf erinnert werden. Mittlerweile hat der Fund von zwei weiteren Dokumenten aus dem Archiv des Internationalen Suchdienstes in Bad Arolsen (ITS) die anfängliche und umstrittene Vorstellung von einem »Opfertausch« infrage gestellt: Auf einem vom Buchenwalder Lagerarzt, SS-Sturmbannführer August Bender, unterzeichneten Blatt vom 23. September 1944 steht unter der Überschrift: »Transport jugendlicher Zigeuner«: »Die Häftlinge 41923 Bamberger, W. und 74254, Blum, Willy wollen auf Transport mit ihren Brüdern, wogegen keine Bedenken bestehen.«

Zwei Tage später, am 25. September, bescheinigt der Lagerarzt, dass Walter Bamberger und Willy Blum »arbeits- und transportfähig« seien. So gelangten die beiden – als Nummer 106 und Nummer 200 – auf das Zusatzblatt der Liste. Der achtzehnjährige Walter Bamberger und der sechzehnjährige Willy Blum hatten sich »freiwillig«, sofern man unter diesen Umständen ein solches Wort überhaupt verwenden kann, gemeldet, weil sie ihre kleinen Brüder – Otto, elf Jahre, und Rudolf, zehn Jahre – nicht allein lassen wollten. Zwischen Bruderliebe und Überlebenswillen hatten sie eine Wahl getroffen. Und auch das Wort »Wahl« scheint in diesem Zusammenhang nicht zu passen. Beide wussten, was Auschwitz-

Birkenau bedeutete, schließlich waren sie vor kurzem erst von dort gekommen.

Diese neue Kenntnis nimmt den Geschehnissen nichts von ihrer Tragik, aber sie löst Willy Blums Geschichte aus dem Schatten der Debatten um das »Buchenwaldkind« und verschafft ihr einen eigenen Raum. Damit jedoch beginnen die Schwierigkeiten. Wie kann dieser Raum gefüllt werden? Welche Spuren in der Welt hat ein Mensch hinterlassen, der nur sechzehn Jahre alt wurde? Es gibt kein »Tagebuch des Willy Blum« und keine anderen Selbstzeugnisse seiner Eltern oder Geschwister. Die einzigen zunächst vorhandenen Hinweise auf seine Existenz sind die Vermerke auf den Transportlisten und die knappen Einträge im Gefangenenbuch von Auschwitz sowie die etwas ausführlicheren Angaben in der Häftlingskartei von Buchenwald.

Auf der Gefangenenkarte gab es kein Foto von Willy Blum, aber ich kann der »Personenbeschreibung« entnehmen, dass er 1,60 Meter groß war und »schlank«, was vermutlich eine beschönigende Umschreibung seines elenden körperlichen Zustands war, dass er schwarze Haare, braune Augen und eine Narbe am Kopf hatte. Acht Jahre besuchte er die Volksschule, als Beruf ist »Schausteller« eingetragen. Es ist derselbe Beruf, der auch auf der Karte seines Vaters Aloys Blum angegeben wird, darüber hinaus kann ich dort lesen, dass dessen Vater – Willys Großvater – Bernhard Blum hieß und ebenfalls Schausteller war. Bei dem Wort »Schausteller« stelle ich mir den Besitzer einer Losbude oder eines Karussells auf dem Rummelplatz vor. Auf der Karteikarte von Aloys' Bruder Karl, der mit seinen beiden erwachsenen Söhnen Alfred und Siegfried mit demselben Transport nach Buchenwald gekommen war, steht jedoch, dass dieser Großvater (hier wird er Berthold genannt) einen Zirkus besaß. Dass auch Aloys Blum nicht einfach Schausteller war, sondern ein Marionettentheater betrieben hatte, sollte ich erst später erfahren, als ich mich zu den Geburtsregistern und Adressbüchern vorgearbeitet hatte.

Die kryptischen Zahlen und Klammern in der Rubrik »Kinder« auf der Karteikarte von Willys Vater bedeuten offenbar: neun Kinder im Alter zwischen zehn und sechsundzwanzig Jahren. Wo waren die anderen Kinder, Willy Blums Geschwister? Vielleicht bei seiner Ehefrau Antonie Blum, geborene Richter, die – auch das ist hier vermerkt – »derz. im KL Ravensbrück« inhaftiert war? Der neunjährige Rudolf unterzeichnete seine Karteikarte mit drei Kreuzen. In der Rubrik »Vorbildung« (als ob im KZ eine Nach- oder Weiterbildung stattfinden sollte!) steht »2 Kl. Volksschule«. Der Junge hatte also gerade begonnen, lesen und schreiben zu lernen und es im Schrecken von Auschwitz wieder vergessen.

Willy Blums Lebensgeschichte ist nur als Teil der Geschichte seiner Familie erzählbar. In ihrem Zentrum steht die mittlerweile versunkene Welt der Wandermarionettentheater. Aloys Blum, seine Frau Toni und ihre Kinder zogen mit dem Wohnwagen und einer Marionettenbühne durch das Land und präsentierten in Gasthöfen oder Gemeindesälen der Dörfer und Kleinstädte ihre Vorstellungen. Einzelne Mosaiksteine, aus denen sich ein Bild zusammensetzen lässt, konnten aus Geburtsregistern, Adressbüchern, Strafregistern, aus Unterlagen der »Rassenhygienischen Forschungsstelle« der NS-Sicherheitspolizei, den Überlieferungen der Reichstheaterkammer – und schließlich aus den Akten des Entschädigungsamtes des Landes Niedersachsen zutage gefördert werden. Doch diesem Bild ist zu misstrauen. Viele der Dokumente sprechen eine kalte Sprache. Es ist die Sprache der Bürokratie, die Leben nur in Tabellen und Formularen zu erfassen vermag. Es ist die Sprache des Vorurteils gegenüber einer Minderheit, deren vermeintliches Anderssein seit Jahrhunderten Quelle sowohl von Faszination als auch von Verachtung ist. Es ist die Sprache der Verfolger in Polizeiämtern und Gerichten, die Abweichungen von der Norm zum Verbrechen erklärten und mit Strafen belegten. Schließlich – in der Phase der schlimmsten, der tödlichen Verfolgung – ist es die Sprache der Täter, die auf der Grundlage ihrer pseudowissenschaftlichen, rassistischen Konstrukte Zehntausende Menschen als »Zigeuner« oder »Zigeunermischlinge« klassifizierten und dies als Begründung dafür nahmen, sie in Konzentrationslager zu verschleppen und zu ermorden.

Selbst die Dokumente aus der Nachkriegszeit, die

vom Bemühen der Überlebenden zeugen, eine Entschädigung für erlittenes Unrecht, für erlittene Verluste zu erlangen, strahlen noch immer Kälte aus, enthalten offen oder versteckt Vorurteile und Abwehr. Auch hier sprechen die Betroffenen nicht mit ihrer eigenen Stimme. Ihre Leidensgeschichten sind übersetzt in die Sprache von Anwälten und Richtern. Ihr Leben ist darin segmentiert und in Anträge, Listen, Atteste, Gutachten gesteckt, um Ansprüche auf finanzielle Zuwendungen zu begründen oder – was sehr häufig geschah – um diese Ansprüche abzuweisen.

Nicht einmal den in den Akten enthaltenen Daten und Fakten, Zeiten und Orten ist in jedem Fall zu trauen. Sei es, dass ein Beamter, ein Polizist oder eben ein Häftlingsschreiber achtlos etwas niedergeschrieben bzw. verwechselt hat, sei es, dass die Betroffenen selbst, aufgrund von Misstrauen gegenüber den staatlichen Institutionen, der behördlichen Registrierung ihres Lebens wenig Bedeutung beimaßen oder sie sogar zu vermeiden suchten.

Allein für das Geburtsdatum von Willy Blum habe ich fünf verschiedene Versionen gefunden: In seiner Geburtsurkunde, ausgestellt in schöner Handschrift vom Standesbeamten Busse des Harzstädtchens Rübeland, ist der 13. Juli 1928 vermerkt. Im Gefangenenbuch von Auschwitz-Birkenau dagegen steht der 4. Juni 1928, in der Transportliste von Auschwitz nach Buchenwald ist es der 13. Juni, in der Häftlingskartei von Buchenwald schließlich wurde der 26. Juni 1928 angegeben. Der erste Impuls ist natürlich, sich auf die Geburtsurkunde zu berufen und die anderen Daten als Missverständnisse und Fehler im Lärm und der Hast der Registrierung einer neu angekommenen Häftlingsgruppe im KZ beiseitezuschieben, wenn nicht Toni Blum 1954 in ihrem Antrag beim Entschädigungsamt Hannover angegeben hätte, ihr Sohn Willy sei am 24. Juni 1928 geboren. Nach dem Eintreffen der Geburtsurkunde aus Rübeland in der Behörde wurde das Datum zwar stillschweigend verändert, aber ich frage mich, ob der Erinnerung der Mutter an den Geburtstag ihres Kindes nicht von allen Varianten die größte Glaubwürdigkeit zugeschrieben werden sollte.

Wenn auch die wichtigste Aussage der Geburtsurkunde – das Datum – angezweifelt werden kann, so enthält das Dokument darüber hinaus aufschlussreiche Hinweise auf das damalige Leben der Familie Blum. Der Marionettentheater-Besitzer Aloysius Blum, so heißt es dort, wohnhaft in Wolfenbüttel, sei am 13. Juli 1928 erschienen und habe angezeigt, seine Ehefrau Toni Blum, geborene Richter, habe am selben Tag, nachmittags um drei Uhr, einen Knaben geboren, der den Vornamen Willy erhalten habe. Auch der genaue Ort der Geburt ist in der Urkunde vermerkt: »in Rübeland, in einer Baracke des Müllers Karl Jacobi«.

Demnach war Wolfenbüttel zu diesem Zeitpunkt der Wohnsitz der Familie oder zumindest der Ort, an dem der Gewerbeschein ausgestellt worden war. Rübeland war offensichtlich eine Station auf ihrer Vorstellungstournee. Interessant ist auch der Vermerk, wonach die Geburt nicht im Wohnwagen der Blums stattfand, sondern in der »Baracke des Müllers Karl Jacobi«, von der später noch die Rede sein wird. Folgen wir den Angaben von Toni Blum und nehmen an, dass Willy bereits am 24. Juni geboren wurde, ist es vorstellbar, dass Aloys Blum, als er am 13. Juli im Standesamt in Rübeland vorstellig wurde, kurzerhand, um Ärger zu vermeiden, den Tag seines Erscheinens als Datum der Geburt benannte. Vielleicht hatte er es vorher einfach nicht bis ins Rathaus geschafft, wenn er pro Tag ein bis zwei Vorstellungen geben musste, die Frau für einige Tage ausfiel, die anderen sechs Kinder versorgt werden mussten.

Aber das ist nur ein Gedankenspiel, eine Spekulation. Der genaue Tag der Geburt von Willy Blum muss offenbleiben, ebenso wie sich auch der Zeitpunkt seines Todes unserer Kenntnis entzieht. In den Überlieferungen des Konzentrationslagers Auschwitz gibt es keinen Hinweis auf die Ankunft des Transports der 200 Kinder und Jugendlichen aus Buchenwald und darauf, was mit ihnen danach geschah. Die Eltern ließen ihre Söhne Willy und Rudolf schließlich in den 1950er Jahren für tot erklären.

Die Dokumente, die in dem folgenden Text herangezogen werden, haben alle eine Entstehungsgeschichte, und das Wissen darum beeinflusst ihre Aussagekraft.

Überhaupt können sie ihren Teil zur Lebensgeschichte von Willy Blum nur beitragen, weil es auch noch einen anderen Teil gibt: die lebendige Erinnerung von Mitgliedern seiner Familie. Dass es gelang, beides hier zusammenzufügen, war keineswegs selbstverständlich. Die Bereitschaft von Angehörigen der Sinti und Roma, ihre Geschichte, ihre Erinnerungen jemandem anzuvertrauen, der nicht zu ihrer Erfahrungsgemeinschaft gehört, ist noch immer gering. Traditionell herrscht in der Gruppe eine Zurückhaltung, mit »Fremden« über die eigenen Leute, die eigenen Toten zu sprechen, zweifellos eine Folge der jahrhundertelangen Ausgrenzung durch die Mehrheitsgesellschaft. Informationen herauszugeben, so lautete die von Generation zu Generation übermittelte Erfahrung, konnte Unheil und Gefahr nach sich ziehen. Der schlimmste Beleg dafür waren die Befragungen und Untersuchungen der sogenannten Rassebiologen im Dritten Reich. Die Tatsache, dass auch nach 1945 in beiden deutschen Staaten ihr Verfolgungsschicksal jahrzehntelang ignoriert und nicht anerkannt wurde, haben Misstrauen und Tendenzen der Abschottung weiter genährt. Ich bin deshalb sehr dankbar dafür, dass sich Ella Braun, eine Nichte von Willy Blum, zu einem Gespräch mit mir bereit erklärte, dass ich auch ihre Mutter Elli Schopper, die einzige noch lebende Schwester von Willy Blum, kennenlernen durfte. Wichtige Informationen konnte ich dem Interview entnehmen, das Frau Schopper vor einiger Zeit zwei Mitarbeitern des Heidelberger Dokumentationszentrums der Sinti und Roma gegeben hatte.

Auch gegenüber ihren Kindern und Enkeln haben die Überlebenden des Genozids viele Jahre lang geschwiegen. Freilich aus anderen Gründen: Ella Braun sagte, ihre Großeltern Toni und Aloys Blum hätten es nicht vermocht, über die Vergangenheit zu sprechen. Ihre Eltern, die beide Auschwitz und andere Konzentrationslager überlebten, hätten erst sehr spät begonnen zu erzählen. Ihr Wunsch sei es gewesen, so meinte sie, ihre Kinder nicht zu belasten. Doch »unbelastet« war Ella Brauns Kindheit auf einem Wohnwagenplatz in Mülheim an der Ruhr keineswegs. Sie erlebte Vorurteile und Ausgrenzungsversuche in der Schule und in der Nachbarschaft, doch sie lernte auch, sich zu wehren. Die Zeiten hatten sich geändert.

1. MIT DEM THEATER VON ORT ZU ORT

Das einzige Foto, das es von Willy Blum gibt, zeigt ihn im Alter von knapp zwei Jahren auf dem Arm seiner ältesten Schwester Anna vor dem Wohnwagen der Familie. Der Mann ganz links auf dem Bild ist ihr Vater Aloys, der Theaterdirektor, der lächelnd eine Zigarre in der Hand hält. Die drei Männer neben ihm, die sich untergehakt haben, sind Mitglieder der Familie Hänel. Sie entstammen einer bekannten sächsischen Puppenspielerfamilie und waren damals als Gehilfen mit dem Blum'schen Marionettentheater unterwegs. Rechts von Anna in der geöffneten Wagentür sitzen zwei Kinder der Hänels und zwischen ihnen mit der weißen Schürze die siebenjährige Liesel Blum. Die beiden Frauen auf den Stühlen daneben sind die Mütter der Hänel-Kinder, die Frauen von zweien der Männer. Auf dem Boden sitzen die anderen Blum-Geschwister: ganz links die fünfjährige Ella (von der ich fast nichts weiß), neben ihr die sechsjährige Elli, die ein wenig finster schaut, und der zehnjährige Hugo. Es folgt ein weiterer Sohn der Hänels und ganz rechts die neunjährige Therese. Toni, die Frau von Aloys Blum, fehlt auf dem Foto. Sie war an diesem Tag mit ihrem ältesten Sohn (der auch Willy hieß) unterwegs, um Handarbeiten zu verkaufen. Toni Blum war zu diesem Zeitpunkt hochschwanger. Die Tochter Dora würde im Mai 1930 geboren werden. Mit großer Wahrscheinlichkeit wurde dieses Bild im März oder April 1930 aufgenommen.

Doch unsere Geschichte beginnt schon viel früher, am Ende des 19. Jahrhunderts, in Atzendorf und Konz, den Orten, in denen Toni Richter und Aloys Blum geboren wurden. Atzendorf in Sachsen-Anhalt ist heute ein Ortsteil von Staßfurt, damals war es eine eigenständige Gemeinde, deren Bürger vor allem in der nahegelegenen Braunkohlengrube »Marie« Arbeit hatten. Vielleicht deshalb wählte der »Kunstfiguren Theaterbesitzer« Adolph Richter, als er am 19. Februar 1893 im dortigen Standesamt vorstellig wurde, für seine am Vortag geborene Tochter die Vornamen Marie und Toni. Dem Mädchen gefiel aber offenbar ihr erster Name nicht. Als Erwachsene nannte sie sich nur Toni oder Antonie. Die Angaben auf diesem Dokument erinnern in mancher Hinsicht an die Geburtsurkunde ihres Sohnes Willy Blum, fünfunddreißig Jahre später. Auch Atzendorf war ein Ort »auf der Durchreise«, so steht es ausdrücklich geschrieben. Adolph Richter, ausgewiesen durch einen Wandergewerbeschein, gab als seinen Wohnsitz die Stadt Magdeburg an. Der Name der Mutter des Mädchens war Anna Richter, geborene Heilig. Auch in dieser Urkunde wird der Ort der Geburt genau benannt: die Wohnung des Gastwirts Theodor Lange.

Der Saal der Atzendorfer Gastwirtschaft Lange war offensichtlich der aktuelle Spielort, an dem das »Kunstfiguren Theater« seine Vorstellungen präsentierte. Die Richters waren eine in Mitteldeutschland bekannte und weitverzweigte Marionettenspieler-Familie, die seit mehreren Generationen mit den Heiligs und anderen marionettenspielenden Familien verwandt und verschwägert war. Wandermarionettentheater waren im 19. und zu Beginn des 20. Jahrhunderts sehr populär in Deutschland, ehe das Kino ihnen zunehmend Konkurrenz machte. In Sachsen, einem der Zentren des Marionettenspiels, gab es zu Beginn des 20. Jahrhunderts etwa 150 umherreisende Bühnen. Die Geschichte der sächsischen Marionettentheater ist deshalb heute besonders gut dokumentiert und einen guten Teil meines Wissens darüber beziehe ich aus den Veröffentlichungen von Olaf Bernstengel und Lars Rebehn.

Die Puppenspieler zogen mit ihren Wagen durch die Dörfer und kleinen Städte des jeweiligen Bezirks, für den sie einen Gewerbeschein besaßen. In den Tanzsälen der Gastwirtschaften oder in Veranstaltungsräumen der Gemeinden bauten sie ihr Theater auf. Mit Hilfe von bemaltem Sperrholz, Pappe und einem rotem Samtvorhang erschufen sie für kurze Zeit eine phantastische Welt, in der hölzerne Puppen an Fäden agierten, als wären sie lebendige Menschen.

Meist blieben die Theaterleute mehrere Wochen lang am Ort und gaben zwei bis vier Vorstellungen pro Woche, sonntags manchmal sogar zwei Aufführungen an einem Tag. Die Spielgenehmigung erteilte ihnen der Bürgermeister, der sich meist nach dem Wort der Gastwirte richtete, die quasi die Partner der Theaterleute waren. Sie kassierten bei ihnen die Saalmiete, verkauften in den Pausen Getränke und profitierten natürlich von der Anziehungskraft des Theaters auch auf die Bewohner der umliegenden Ortschaften. Besitzer der Schankwirtschaften und Marionettenspieler verband oft eine jahrelange Beziehung, und so war es naheliegend, dass die hochschwangere Anna Richter ihre Tochter in der Wohnung der Wirtsleute Lange zur Welt bringen konnte.

Die Wanderbühnen waren Familienunternehmen. Nicht selten übten sie bereits in der dritten oder vierten Generation ihre Kunst aus. Die Söhne, manchmal auch die Töchter, übernahmen das Theater von den Eltern, oder sie heirateten in einen anderen Familienbetrieb ein. Manche hatten sich zunächst selbständig gemacht und kehrten nach dem Tod des Vaters oder der Mutter zurück. Die Puppen und Kostüme wurden ebenso wie die Textbücher der Theaterstücke von einer Generation zur nächsten weitergegeben. Im Fall der Richters liegt es nahe, dass die Weitergabe der Texte vor allem mündlich erfolgte. In ihrem Antrag auf Entschädigung erklärte Toni Blum in den 1950er Jahren, sie habe infolge ihres Wanderlebens als Artistenkind und später selbst als Artistin keine geordnete Schulbildung genossen und könne deshalb nur ihren Namen schreiben. Mehr über ihr Leben als Artistenkind ist aus dieser Erklärung nicht zu erfahren. Es ging in diesem Kontext nicht um ihre Lebensgeschichte, sondern sie musste begründen, warum sie eine Widerspruchsfrist in diesem zähen Verfahren versäumt hatte.

Aus Erinnerungen zahlreicher Marionettenspieler geht hervor, dass die Kinder bereits frühzeitig in die Arbeit einbezogen wurden. Sie trugen die Zettel aus, auf denen die Theatervorstellungen angekündigt wurden, die Mädchen nähten und pflegten die Kostüme der Puppen; Mädchen wie Jungen wurden angelernt, um zunächst die weiblichen Rollen zu sprechen. Es lässt sich denken, dass die Schule, die sie an den jeweiligen Spielorten besuchen mussten, dabei oft zu kurz kam.

Kurt Listner (Jahrgang 1885), ein Generationsgefährte von Toni Blum, der einer der ältesten sächsischen Puppenspielerfamilien entstammte, schrieb in den 1950er Jahren seine Kindheitserinnerungen nieder. In einer sehr einfachen Sprache schildert er im Telegrammstil beinahe atemlos sein Leben, in dem, seit er denken konnte, alles der nächsten Vorstellung untergeordnet werden musste. Bereits als Neunjähriger, so berichtet er, habe er in Hennersdorf kurzfristig die weiblichen Rollen im »Trompeter von Säckingen« übernehmen müssen, als seine Mutter unmittelbar nach der Geburt seines Bruders nicht auftreten konnte. An einer anderen Stelle schildert er, wie im Jahr 1898 in der Schule in Zschopau seine sechsjährige Schwester Hanni vom

Lehrer Kölbel auf den Kopf geschlagen worden und am Nachmittag zusammengebrochen sei:

»Meine Mutter brachte sie ins Bett und machte Umschläge. – Wir spielten ›Buschliesel‹, wo eine Hanni stirbt. Nachdem kamen wir vom Saal. Hannel schwitzte. Dr. Bär verlangte eiskalte Umschläge. Mutter machte sie mit Stubenwasser. Bär war der Kegelbruder des Lehrers Kölbel. Mutter hatte ihm alles erzählt. Die Stadt war in Aufruhr. Der Bürgermeister wollte die Spielerlaubnis entziehen, er war des Schuldirektors Bruder. Dieser schützte den Lehrer. Freitag lag Hannel ohne Sinne. Sonnabend früh starb sie. Wir spielten am Abend: ›Berlin, wie es weint und lacht‹. Vater konnte kaum spielen. Sonntag Nachmittag: ›Wunderblume‹«.

Listners Vater engagierte häufig Gehilfen, die sich jedoch nicht immer als zuverlässig erwiesen: »In Heinrichsort kam ich 1899 ¼ 1 Uhr aus der Schule. Vater sagte: ›Du musst Emils Tour mittragen (Zettel), er ist noch nicht vom Urlaub da. ½ 4 Uhr war ich ferdig. Um 4 Uhr Konfirmandenstunde. Um 5 Uhr Klavierstunde‹. Kantor Sieber gab mir eine Schelle: ›Du hast nicht geübt.‹ Einen Tag vorher wollte ich üben in der Gaststube. Gäste höhnten mich, sagten: ›Spiele etwas ordentliches‹. Ich hörte auf. Am Tag, wo ich die Schelle kriegte, fehlte beim [Theater-]Spiel eine Flasche. Die hatte Emil in eine andre Kiste getan und wir fanden sie nicht. Wir spielten ›Berlin wie es weint und lacht‹. Vater zankte, von da ab ging ich nie wieder in die Klavierstunde.«

Familie Listner bereiste mit ihrem Theater während vieler Monate des Jahres die Ortschaften im Umkreis von Chemnitz. Sie hatten keinen Wohnwagen, sondern übernachteten in Gastzimmern, in Dachkammern der Gasthöfe oder schlugen ihr Lager direkt im Veranstaltungssaal auf. Fuhrunternehmer transportierten die Bühne, die Puppen und ihr persönliches Gepäck von Ort zu Ort. Die Richters waren demgegenüber mit einem Wohnwagen und einem Gerätewagen für die Theaterutensilien unterwegs. Wir wissen nicht, ob sie auch eigene Pferde hatten oder sie jeweils von Bauern oder Fuhrleuten mieteten. Später allerdings, als Tochter Toni und ihr Ehemann Aloys das Theater übernommen hatten, führten sie – nach Auskunft der Enkeltochter Ella Braun – eigene Pferde mit sich. In den 1930er Jahren besaßen sie sogar eine Zugmaschine, die sie 1942 verkaufen mussten.

Aloys Blum, der spätere Ehemann von Toni Richter, stammt ebenfalls aus einer fahrenden Künstlerfamilie. Er wurde am letzten Tag des Jahres 1891 in Conz (das heute Konz geschrieben wird) im Bezirk Trier geboren. Sein Vater, Bernhard Blum, präsentierte sich gegenüber dem protokollierenden Standesbeamten Schmitt als »Künstler«. Als seinen Wohnort gab er die Stadt Minden in Westfalen an. Aloys' älterer Bruder Karl bezeichnete im Jahr 1944 auf seiner Häftlingskarte im KZ Buchenwald seinen Vater (den er Berthold nennt) als Zirkusbesitzer. Aloys' Tochter Elli Schopper hingegen spricht von einer »Wanderbühne« – einer Art Varieté –, mit der ihre väterlichen Großeltern unterwegs waren. Offenbar gastierten sie über die Weihnachts- und Silvestertage in Conz, als Bernhard/Bertholds Ehefrau Caroline Blum, geborene Vogel, am 31. Dezember 1891 ihren Sohn Aloys zur Welt brachte. Der Ort der Geburt – das kommt uns jetzt schon bekannt vor – war die »Wohnung des Gastwirtes Müller«.

Aloys hat seine Mutter nicht mehr bewusst erlebt. Fünf Tage nach seiner Geburt starb Caroline Blum am nächsten Gastspielort in Merzig im Saarland. In seinem Entschädigungsantrag hat Aloys Blum 1952 einige Einzelheiten aus seinem Lebenslauf niedergeschrieben, bzw. niederschreiben lassen. Er sei das fünfte Kind gewesen. Seit seiner frühesten Jugend, schreibt er, habe er sich auf Reisen befunden. Sein achtjähriger Besuch der Volksschule, den er erwähnt, fand, wie auch bei den anderen Kindern der fahrenden Leute, alle paar Wochen in einer anderen Schule an einem anderen Ort statt. 1912 wurde er zum Füsilierregiment 34 in Stettin eingezogen. Der zweijährige Wehrdienst ging im August 1914 mit dem Ausbruch des Weltkrieges nahtlos in den Kriegsdienst über.

Bis 1918, so erklärt Blum, sei er Soldat gewesen. In dieser Zeit – wo und bei welcher Gelegenheit wissen wir nicht – müssen er und Toni Richter sich kennengelernt haben. Vielleicht kannten sie sich aber auch schon aus der Zeit vor seiner Einberufung. Die Schaustellerfamilien standen in Kontakt miteinander und begegneten einander häufig. Am 2. Oktober 1915 jedenfalls heirateten Toni Richter und Aloys Blum.

Doch der in einem Formular der Entschädigungsbehörde Hannover angegebene Ort der Eheschließung – Lüde/Ostpreußen – gibt Rätsel auf. Er ist in keinem Verzeichnis der deutschen Ortsnamen in Ostpreußen zu finden. Vielleicht war Aloys mit seinem Regiment in diesem Lüde stationiert, und Toni fuhr dorthin. Zehn Monate zuvor, am 5. Dezember 1914, war ihr erstes Kind geboren worden. Der Sohn, der übrigens Willy genannt wurde (ebenso wie vierzehn Jahre später sein jüngerer Bruder) trug noch den Mädchennamen seiner Mutter – Richter.

Das zweite Kind, die Tochter Anna, war faktisch ein Kind der Revolution. Sie wurde am 29. Juli 1919 geboren, genau neun Monate nach dem Beginn des Matrosenaufstands in Kiel, der die Novemberrevolution einleitete. Einiges deutet darauf hin, dass das Regiment, in dem Aloys diente, 1918 an der Ostfront stand. Spätestens seit dem deutsch-russischen Friedensvertrag im März fanden dort keine Kämpfe mehr statt. Im Sommer rebellierten einzelne Verbände gegen eine geplante Verlegung an die Westfront, es kam zu zahlreichen Desertionen.

Aloys' Enkeltochter Ella erinnert sich an Erzählungen, wonach der Großvater »vom Militär weggelaufen« und in einer Festung eingesperrt worden sei. Die Großmutter sei hingefahren und habe ihn dort »rausgeklaut«, was immer das zu bedeuten habe. Wahrscheinlich konnte ihre Aktion auch deshalb gelingen, weil im Oktober/ November 1918 an der Front wie im Hinterland revolutionäre Unruhen aufflammten und die alte Ordnung sich aufzulösen begann. Der Soldat Victor Klemperer, der sich ebenfalls im Herbst 1918 vom Standort seiner Truppe in Wilna nach Leipzig absetzte, notierte in seinem Tagebuch: »War man einmal aus dem Bereich seiner Kompanie oder Batterie entschlüpft, so konnte man sich irgendwohin begeben und sich (...) von sich aus als entlassen betrachten, – denn welche Behörde würde den Einzelnen aus dem allgemeinen Chaos fischen wollen?« In seinem Lebenslauf erwähnte Aloys Blum diese Episode nicht. Er schrieb, nach dem Ersten Weltkrieg habe er sich selbständig gemacht und ein Marionettentheater betrieben. Dabei handelte es sich wohl um das Theater seines Schwiegervaters, das er seit 1919 zusammen mit seiner Frau führte.

Das war eine Geschäftsübernahme und Familiengründung in bewegten Zeiten, die lange nicht zur Ruhe kommen wollten: In Bayern wurde 1919 die Räterepublik blutig niedergeschlagen, Freikorpsverbände zogen Mord und Terror verbreitend durch die Lande und waren 1920 maßgeblich am Putschversuch von Kapp-Lüttwitz beteiligt. Ein Generalstreik schließlich rettete die junge Republik. 1921 brachen in Mitteldeutschland Arbeiteraufstände aus. Im Jahr 1923, auf dem Höhepunkt der Inflation, unternahm Hitler seinen Marsch auf München, und in Hamburg scheiterte ein kommunistischer Aufstandsversuch. In Sachsen marschierte die Reichswehr ein und setzte eine demokratisch gewählte linke Landesregierung ab.

An den Geburtsorten der in den betreffenden Jahren geborenen Kinder von Aloys und Toni Blum ist ablesbar, dass sich die Familie mit ihrem Theater recht nah an einigen der Konfliktherde bewegte. 1919 wurde das »Revolutionskind« Anna in Weichering/Oberbayern geboren. Hugo kam 1920 in Oy/Allgäu zur Welt, ihm folgte Therese 1921 im fränkischen Niedernhall. Danach verlegte die Familie ihren Wirkungskreis mehr nach Mitteldeutschland: Elisabeth wurde 1923 in Halberstadt geboren, ein Jahr später Elli in Berßel, das heute zur Stadt Osterwieck im Harzkreis gehört, der Geburtsort des Mädchens Ella im Jahr 1925 ist nicht bekannt.

Der bereits zitierte Kurt Listner, dessen Erinnerungen hier zur Veranschaulichung des Alltags jener Jahre herangezogen werden, sah sich 1919 gezwungen, sein Theater zu verkaufen. In den folgenden Jahren spielte er nur einmal pro Woche bei seinem Schwiegervater Albin Richter. Den Unterhalt für sich und seine Familie, so schreibt er, habe er in dieser Zeit vor allem als Hofarbeiter verdienen müssen:

»Nach dem 1. Krieg spielten wir Sonntag in Jöhstadt. Montag (Kappputsch). Wir fuhren nach Wolkenstein, weiter ging kein Zug.« Der Wirt in Schönbrunn habe sie bis vor die Schänke Klaffenbach gefahren. Zu Fuß und mit Koffern seien sie dann nach Chemnitz-Kappel gelaufen.

»1923 borgte ein Bauer mir 1 Million, Albin Richter hatte gut gesagt und ich kaufte Auerwalds Marionettentheater. Ich gab dem Bauer 2 Millionen und fing in Pockau an. Ende 1923 kostete ein Brot = 1 Billion. Wir hatten gespielt: 3 Pfund Kartoffel für ein Kinderbilet.« Bei einer Vorstellung, so schreibt Listner, habe er insgesamt 1½ Zentner Kartoffeln verdient. »1923 Theater lag in Gückelsberg – Flöha, Transport des Theaters sollte 3 Billionen kosten, konnte nicht fort.« Als er endlich einen Wagen besorgt hatte und das Theater aus Gückelsberg abholen wollte, sei die Reichswehr dort einmarschiert: »Saal hatte Barrikaden und Wache, durch's Fenster Theater gebracht«. Anschließend seien sie nach Stollberg in die Gastwirtschaft »Drei Kronen« gefahren, »da in Lugau Militär war«.

Letztlich waren das keine günstigen Bedingungen für die Wandermarionettentheater, die eher auf stabile politische und wirtschaftliche Verhältnisse angewiesen waren. Auf dem Höhepunkt der Inflation allerdings besuchten weitaus mehr Menschen die Vorstellungen als in den Jahren zuvor. Viele wollten ihr Geld schnell ausgeben – sparen lohnte nicht –, am nächsten Tag würde es schon wieder dramatisch an Wert verloren haben. Für die Theaterleute bedeutete das allerdings, dass sie den größten Teil der Einnahmen des Vortags am folgenden Tag für den Transport zum nächsten Ort ausgeben mussten. In der Folge des Krieges und der Nachkriegskrisen lagerten etliche Bühnenbesitzer ihre Theater ein oder gaben ihr Gewerbe ganz auf.

Mit der Einführung der Rentenmark am Ende des chaotischen Jahres 1923 stabilisierten sich die Verhältnisse wieder für einige Jahre. Die Prinzipale, die ihr Theater nicht aufgegeben hatten, stellten sich auf die neuen Zeiten ein. Sie ließen etwa neue Figuren schnitzen, neue Kulissen malen oder investierten in moderne Beleuchtungstechnik, um der wachsenden Anziehungskraft des Kinos etwas entgegensetzen zu können. Aloys Blum allerdings, so wurde in seiner Familie erzählt, habe vor allem die Konkurrenz des Fußballs gefürchtet. Fand in dem Ort, in dem er gastierte, am Sonntag ein Spiel statt, dann wusste er, dass im Saal viele Bänke leer bleiben würden.

Der Familienbetrieb der Blums überstand die schweren Nachkriegsjahre vermutlich nur mit Hilfe äußerster Selbstausbeutung und Improvisationstalent. Aus Erzählungen weiß die Enkelin Ella Braun, dass ihre Großmutter mit einer Kiepe auf dem Rücken durch die Dörfer zog, um Handarbeiten zu verkaufen. Das Geld, das sie dabei verdiente, war vielleicht manchmal die einzige Einnahmequelle.

In einer eidesstattlichen Erklärung, die den Entschädigungsakten von Aloys Blum beigefügt ist, gab der ehemalige Marionettentheaterbesitzer Wilhelm Kronefeld im Jahr 1954 zu Protokoll, er kenne Herrn Blum seit etwa vierzig Jahren als seinen Kollegen. Kronefeld bezeichnete das Blum'sche Marionettentheater als »mittelgroßen Theaterbetrieb«. Es habe mindestens dreißig Figuren umfasst sowie etwa sechzehn »Verwandlungen«. Zur Ausstattung habe außerdem, so fügte Aloys Blum in einer eigenen Erklärung hinzu, »eine komplette Bühne für Personentheater mit diversen Kostümen« gehört.

Die erwähnten »Verwandlungen« und auch die Kostüme für Schauspieler gehörten zur damals üblichen Ausstattung der Wandermarionettentheater. Im Zentrum der jeweiligen Darbietungen standen natürlich die mit Marionetten gespielten Stücke. Das waren vorwiegend volkstümliche Stoffe: romantische Liebesdramen, Helden- oder Heiligensagen, Geschichten von edlen Räubern und grausamen Herrschern. Im Repertoire des Theaters von Aloys Blum fanden sich allerdings auch, so überlieferte es später die Tochter Dora, Shakespeares »Hamlet« und das Volksstück »Doktor Faustus zu Wittenberg«. Diese Stücke wurden an die auf dem Marionettentheater übliche Spielweise angepasst, was bedeutete, dass die Figur des Kaspers fast überall hineingenommen wurde. Im »Faustus« zum Beispiel übernahm der Diener von Famulus Wagner diese Rolle und brachte die Leute zum Lachen, wenn er seine Späße mit drei kleinen Teufeln trieb.

»Verwandlungen« – das waren allegorische und zauberhafte Erscheinungen, dargestellt durch Flachfiguren,

die die Marionettenspieler in manche der Stücke ein-
bauten. Doch vor allem in den Nachspielen waren die
plötzlich auftauchenden und sich überraschend mittels
Leuchteffekten verwandelnden (daher der Name) Klapp-
figuren fester Bestandteil des Programms. Manche Theater boten nach dem Stück auch artistische und varieté-
artige Einlagen – entweder mit den Marionetten, oder der
Prinzipal und seine Frau oder seine Kinder traten selbst
vor den Vorhang, trugen kleine Schwänke oder Sketche
vor, sangen und tanzten.

Ella Braun erzählte, dass ihre Mutter Elli und ihre
Geschwister zum Nachspiel Lieder vortrugen. Als ihre
Großmutter Toni ein Kind war, habe auch sie zum Abschluss zusammen mit ihren fünf Schwestern gesun-
gen. Ein begeisterter Prinz, der sich im Zuschauerraum
befand, soll einmal nach einer solchen Darbietung Gold-
stücke auf die Bühne geworfen haben. Mit solchen Geschichten, die in der Familie stolz weitergegeben wurden,
ist Ella Braun aufgewachsen. Ihr Urgroßvater Adolph
Richter, so heißt es, habe auf einer Harfe gespielt, die
ihm eine Gräfin Putbus in seiner Jugend geschenkt habe.
Es ist auch die Rede von einem zahmen Reh, das Toni
und ihre Schwestern aufgezogen hätten und das im
Stück »Genoveva« mitgespielt haben soll. In der Legende
der Genoveva war es zwar eine weiße Hirschkuh, die
der zu Unrecht verstoßenen jungen Gräfin und ihrem
Sohn Schmerzenreich half, sieben Jahre lang in einer
Höhle im Wald zu überleben, aber ein lebendiges Reh

auf der Bühne war bestimmt eine besondere Attraktion für die Zuschauer.

Bis ins 19. Jahrhundert hinein gaben die Puppenspieler die Texte der Dramen von einer Generation zur anderen vor allem mündlich weiter. Später arbeiteten sie auch mit zumeist handgeschriebenen Textbüchern. Folgt man den Angaben der Tochter Dora in ihrem Entschädigungsantrag, so besaß auch ihre Familie einige solcher Textbücher. Da jedoch sowohl Aloys als auch Toni Blum nur wenig lesen und schreiben konnten und auch ihre Kinder infolge des immer wieder unterbrochenen Schulbesuchs lediglich über einige Grundkenntnisse verfügten, ist anzunehmen, dass die mündliche Überlieferung der Texte für sie weiterhin große Bedeutung hatte. Dora berichtete, dass die Männer der Familie die Marionetten schnitzten und die Frauen die Kostüme dazu schneiderten. Kostüme für das Personentheater, so erzählt Ella Braun, hätten die Großeltern manchmal aus dem Fundus von Theatern erhalten.

Geburt in Rübeland

Während einiger Wochen im Juni und Juli 1928 gastierte das Marionettentheater der Blums im Harzstädtchen Rübeland. Toni Blum kam hochschwanger dort an und brachte – vermutlich am 24. Juni – in der Baracke des Müllers Jacobi einen Jungen zur Welt. Warum er den gleichen Namen erhielt wie sein damals elfjähriger Bruder, bleibt eine offene Frage. Doch da die Sinti üblicherweise alle einen zweiten Namen haben, mit dem sie sich nur innerhalb der Familie, der Gruppe anreden, kann ich mir vorstellen, dass der »bürgerliche« Name auf der Geburtsurkunde eine geringere Bedeutung hatte und deshalb durchaus auch doppelt vergeben werden konnte. Über diesen älteren Willy weiß ich überhaupt sehr wenig. Von ihm findet sich in den Archiven kein Entschädigungsantrag, aus dem sich zumindest einige wenige Lebensdaten ablesen ließen, nur in den Erklärungen seiner Geschwister wird er hin und wieder erwähnt.

Durch Rübeland, ein landschaftlich idyllisch gelegenes Industriestädtchen, in dem bereits seit dem Mittelalter die in der Gegend reichlich vorhandenen Bodenschätze (Eisen, Kalk, Marmor, Schiefer) gefördert und verarbeitet wurden, verlief damals die Grenze zwischen dem Freistaat Braunschweig und der Provinz Hannover. Heinrich Heine schreibt in seiner »Harzreise« vom »schmiededunklen Rübeland«. Der Ort war überdies berühmt durch seine Tropfsteinhöhlen, die bereits seit dem 17. Jahrhundert Touristen anzogen. Eisenverhüttung und Holzverkohlung waren 1927 eingestellt worden. Viele der Einwohner des Städtchens arbeiteten in der Kalkbrennerei und in der Pulvermühle, die Schwarzpulver herstellte. Doch das war nicht die erwähnte Jacobi-Mühle, in deren benachbarter Baracke Willy Blum das Licht der Welt erblickte.

Der Müller Carl Jacobi betrieb damals mit Hilfe der Wasserkraft des Mühlbaches ein Mahlwerk, das Getreide zu Mehl verarbeitete. Die Mühle und auch die Baracke existieren heute nicht mehr, und es fand sich auch kein historisches Foto davon. Wie ich vom engagierten und hilfsbereiten Ortschronisten Christoph Unger erfahren konnte, diente das Grundstück unmittelbar daneben, auf dem heute das Feuerwehrhaus steht, damals als Stellplatz für die Wohnwagen.

Auf der anderen Seite des Mühlbachs – bereits auf hannoverschem Gebiet – befand sich die Gastwirtschaft »Zu den vier Linden«, die erst 1990 abgerissen wurde. Sie war wahrscheinlich im Sommer 1928 der Spielort für das Marionettentheater der Blums. Aber dort wurde Willy nicht geboren. Vielleicht waren zu dieser Zeit keine Gastzimmer frei, oder die Wirtsleute wollten ihre Wohnung nicht zur Verfügung stellen. Auf diese Weise wurde die gegenüberliegende Müller-Baracke zum Ausweichquartier.

Es ist vorstellbar, dass Aloys Blums Marionettentheater in dem betriebsamen Städtchen genügend Zuschauer erwarten konnte, um mehrere Wochen dort zu gastieren. Ein Billett für eine Vorstellung kostete damals zwischen fünfzig Pfennigen und einer Mark und war für viele Menschen erschwinglich. Für einige Stunden konnten sich die Besucher in eine andere Welt entführen lassen, eine Welt der großen Gefühle, in der Gut und Böse klar voneinander zu unterscheiden waren und wo sie sicher sein konnten, dass das Gute am Ende siegen würde. Das illusionistisch gemalte Bühnenportal funktionierte wie ein Bilderrahmen. Sobald sich der Vorhang hob, öffnete er den Blick auf eine geheimnisvolle Szenerie, in der »Fürstin Waldeck« oder »Räuberhauptmann Schinderhannes« in prächtigen Kostümen agierten, geführt von den Spielern, die, für die Zuschauer nicht sichtbar, auf dem Laufbrett standen.

Im Sommer 1928 schienen die wirtschaftlichen Verhältnisse noch stabil, die große Krise sollte erst ein Jahr später ausbrechen. Ein weiteres Stück dunkler Zukunft, die das Schicksal der Familie Blum mit dem Harz verbinden sollte, war zu dieser Zeit ebenso wenig vorstellbar: Etwa vierzig Kilometer entfernt von Rübeland, am Südrand des Harzes, befindet sich der Kohnstein, dessen Stollen später unter dem Namen »KZ Mittelbau Dora« bekannt und berüchtigt wurde. Zu den Häftlingen aus aller Welt, die unter schwersten Bedingungen dort die V2-Raketen produzierten, würden von August 1944 bis Januar 1945 auch Aloys Blum, sein Bruder Karl und dessen Söhne Alfred und Siegfried gehören.

Nicht lange nach der Geburt von Willy muss die Familie ihren Lebensmittelpunkt von Wolfenbüttel weiter in Richtung Osten verlegt haben. Als am 9. Mai 1930 nachmittags um halb vier die Tochter Dora geboren wurde, gastierte das Theater in Marlishausen bei Arnstadt. Als Adresse gab der Kindesvater auf der Geburtsurkunde das thüringische Albersdorf im Kreis Stadtroda (heute

Saale-Holzland-Kreis) an. Der Ort der Geburt war wieder ein Wirtshaus: »Im Tanzsaal des Gasthofs ›Zur Linde‹«, notierte akribisch der oder die dortige Standesbeamte Hertlein. Demnach wurde das Mädchen quasi neben der Bühne geboren, an einem Platz, der am Abend wieder geräumt werden musste, wenn die Zuschauer kamen. Aber vielleicht kamen sie gar nicht jeden Abend.

Im Jahr 1930 befand sich die Weltwirtschaftskrise, in der Millionen Menschen ihre Arbeit verloren oder massive Lohnkürzungen hinnehmen mussten, auf ihrem Höhepunkt. Die Besucherzahlen der Marionettenbühnen waren drastisch zurückgegangen. Olaf Bernstengel und Lars Rebehn schreiben in Bezug auf das Land Sachsen von einem Einnahmenverlust von etwa zwei Dritteln. Wie bereits in der Zeit der Inflation mussten etliche Familien ihre Theater aufgeben, oder sie hungerten sich durch und waren auf Unterstützung seitens der Gemeinden angewiesen. Aus den wenigen Angaben in der Geburtsurkunde von Dora Blum können wir lediglich schließen, dass das Marionettentheater der Blums weiter existierte und Spielorte fand. Was das im Einzelnen für die mittlerweile elfköpfige Familie bedeutete, auf welchen Nebenwegen und unter welchen Anstrengungen sie ihr Überleben sicherte, ist nicht überliefert.

Vier Jahre darauf, am 3. September 1934, kam Rudolf, das zehnte und letzte Kind der Blums, zur Welt. Im Geburtsregister ist als Ort der Geburt der »Gasthof der Schmiedeschänke« in Dresden, Bautzener Land-

straße 158 vermerkt. Die Angabe einer festen Wohnadresse fehlt diesmal. Vielleicht hatten die Blums ihren
Standort in Albersdorf aufgegeben und waren auf der
Suche nach einer neuen Bleibe. Heute steht das Haus, in
dem Rudolf geboren wurde, nicht mehr. An seiner Stelle
befindet sich eine Tankstelle. Im Dresdner Adressbuch
von 1934 ist unter dieser Anschrift der Schankwirt Otto
Oelsner eingetragen. Eine »Schmiedeschänke« wird
nicht erwähnt und ist auch nicht in der Rubrik »Gast-
stätten/Hotels« zu finden, doch die Namen der Wirt-
schaften wurden manchmal nicht aufgeführt, wenn
etwa der Besitzer für den Eintrag Geld sparen wollte.

Nicht lange nach der Geburt des kleinen Rudolf müssen sich die Blums in Dresden niedergelassen haben.
Der Eintrag »Aloys Blum, Marionettentheaterbesitzer«
taucht zum ersten Mal im Adressbuch von 1936 auf,
unter der Anschrift: Laubegaster Ufer 22, 1. Etage.

Das Laubegaster Ufer, im Dresdner Stadtteil Laubegast, befindet sich, wie sein Name sagt, direkt am
Elbufer, und die Nummer 22 war und ist bis heute ein
eindrucksvolles und besonderes Gebäude. In der Foto-
abteilung der Sächsischen Landesbibliothek gibt es eine
Postkarte mit der Ansicht des Hauses aus dem Jahr
1889. An der Fassade die große Aufschrift: »Vergnügungspark Stadt Amsterdam«. 1936 war der Vergnügungspark bereits Vergangenheit. Im Adressbuch sind
für das Erdgeschoss der Schankwirt Georg Friedel sowie ein Werkmeister eingetragen, während in der zwei-

ten Etage ein Tischler wohnte bzw. eine Werkstatt betrieb und im Seitenflügel ein Maurer sein Quartier hatte.

Heute ist die Nummer 22 das »Volkshaus Laubegast«, ein Stadtteil-Kulturzentrum, aufwendig saniert, unten zwei Restaurants und in der Etage darüber große Veranstaltungsräume. Neben dem Eingang hängt eine Tafel, die darauf hinweist, dass an dieser Stelle bis 1896 das »Sterbehaus der Caroline Neuber« gestanden habe, der, wie es im Text heißt: »Mutter der deutschen Schauspielkunst«. Irgendetwas kann jedoch mit der Datierung nicht stimmen, entweder wurde das Sterbehaus schon früher abgerissen oder der »Vergnügungspark« erst später errichtet. Wie dem auch sei – die Familie Blum hatte für sich und das Marionettentheater einen Standort gewählt, an dem Theatergeschichte geschrieben worden war.

Aber haben die Blums tatsächlich in diesem Haus gewohnt? Nutzten sie die Möglichkeit, ihre Wagen und die Pferde auf dem Hof unterzustellen, oder gestattete ihnen der Gastwirt Friedel lediglich, bei der polizeilichen Anmeldung seine Adresse anzugeben? Als ich Aloys' Enkelin Ella Braun das Foto des Hauses schickte, zeigte sie es ihrer Mutter, bei der sofort Erinnerungen wach wurden: Während einiger Jahre habe die Familie dort die Wintermonate verbracht. Der Wohnwagen, der Gerätewagen und die Pferde hätten auf dem Hof gestanden, und die Mädchen hätten in der ersten Etage im Seitengeschoss in einem Zimmer geschlafen.

Von diesen Dresdner Jahren der Blums gibt es wenig

Spuren. Nur eben der Eintrag im Adressbuch und die Erinnerungen von Willy Blums Schwester Elli Schopper an das Haus am Laubegaster Ufer. Willy wurde sehr wahrscheinlich 1934 in Dresden eingeschult. Seine zwei Jahre jüngere Schwester Dora erklärte später, sie habe von 1936 bis 1938 jeweils während des Winterhalbjahres dort die Schule besucht. In der übrigen Zeit sei sie – ebenso wie ihre Geschwister – an den verschiedenen Spielorten zur Schule gegangen. Außerdem taucht Aloys Blum 1934 in einem provisorischen Mitgliederverzeichnis der Fachschaft Puppenspiel der Reichskulturkammer auf. Hinter seinem Namen stehen die Zusatzinformationen: »Fadenpuppe« (das sind die Marionetten) und »Engelsdorf ›Gasthof Lindengarten‹«.

Der Gasthof in Engelsdorf, einem Ort in der Nähe von Leipzig, war vermutlich einer der Spielorte des Marionettentheaters in dem neuen sächsischen Wirkungskreis. Vielleicht gab Aloys Blum der Fachschaft zunächst diese Adresse an, um rasch an eine Gewerbegenehmigung zu kommen, und fand erst später das Quartier am Laubegaster Ufer. Sechs Jahre danach, im Mitgliederverzeichnis der Fachschaft von 1940, fehlt sein Name. Mittlerweile war viel geschehen. Den Sinti wurde es immer schwerer bis unmöglich gemacht, ihr Gewerbe ausüben und sich frei im Land zu bewegen. Auch die Übersiedlung der Familie Blum von Dresden nach Hoyerswerda im Jahr 1938 stand vermutlich im Zusammenhang mit der Verschärfung der Situation.

2. DAS NETZ DER VERFOLGUNG

Im September 1934, als der jüngste Sohn der Blums geboren wurde, waren die Nationalsozialisten seit mehr als anderthalb Jahren an der Macht. Die gravierenden Veränderungen in der politischen Landschaft und im politischen Klima betrafen die Minderheit der Sinti und auch die Familie Blum noch nicht direkt. Zunächst richtete sich die Verfolgung gegen die politischen Gegner. Kommunisten und Sozialdemokraten wurden in die provisorisch eingerichteten ersten Konzentrationslager verschleppt. Gleichzeitig begann das Regime, die Juden aus dem öffentlichen Leben zu verdrängen. Eine entscheidende Zäsur bildeten 1935 die Nürnberger Gesetze, die Juden zu Bürgern zweiter Klasse erklärten. Das »Gesetz zum Schutz des deutschen Blutes und der deutschen Ehre« verbot Ehen und außereheliche Beziehungen zwischen Juden und Deutschen. Ein ministerieller Erlass zum »Blutschutzgesetz« bezeichnete auch die »Zigeuner« als »artfremde Rasse« und weitete die Ausgrenzungen auf sie aus. Im zeitgleich verabschiedeten »Reichsbürgergesetz«, das den Juden die bürgerlichen Rechte absprach, waren »Zigeuner« ebenfalls nicht erwähnt. In einem Kommentar in der Deutschen Juristenzeitung jedoch machte der damalige Innenminister Frick deutlich, dass »dasselbe« auch für die »Angehörigen anderer Rassen« gelte, »deren Blut dem deutschen Blut nicht artverwandt ist, z. B. für Zigeuner und Neger«.

Die Fallen waren also frühzeitig aufgestellt, die Instrumente für die Verfolgung der Sinti und Roma lagen bereit, wenngleich das Feindbild des »Zigeuners« in der NS-Propaganda eine eher untergeordnete Rolle spielte. Anders als im Fall der Juden, die aufgrund ihrer Zugehörigkeit bzw. der ihrer Eltern oder Großeltern zur jüdischen Religionsgemeinschaft als Zielgruppe deutlich erfassbar waren, hatten die Nationalsozialisten erkennbar größere Schwierigkeiten, die überwiegend christlichen Sinti, die seit Generationen in Deutschland lebten und von denen die meisten bereits sesshaft geworden waren, in den Rahmen ihrer rassistischen Konstruktionen zu pressen. Sie konnten sich allerdings – ähnlich wie bei den Juden – auf jahrhundertealte Vorurteile gegenüber den »Zigeunern« in der Bevölkerung stützen ebenso wie auf die emsige Ermittlungs- und Erfassungsarbeit der Polizei, vor allem in Bayern. Bereits seit dem Ende des 19. Jahrhunderts hatte in München ein polizeilicher Nachrichtendienst Daten über Sinti und Roma weit über die bayrischen Grenzen hinaus in den deutschen Ländern gesammelt. 1926 hatte der Freistaat Bayern ein Gesetz »Zur Bekämpfung von Zigeunern, Landfahrern und Arbeitsscheuen« erlassen, das mit seinen hohen Auflagen und drastischen Strafandrohungen darauf zielte, die Minderheit als Ganzes gleichermaßen sozial wie rassistisch zu stigmatisieren.

In der NS-Politik gegenüber der Minderheit der Sinti und Roma kehrten diese beiden Verfolgungsmotive wieder. Die Betroffenen sahen sich den Willkürmaßnahmen gegen sogenannte »Gemeinschaftsfremde« ausgesetzt, denen die Inhaftierung und/oder die Zwangssterilisierung drohte. Parallel dazu gerieten sie in ein System von Erfassung und Begutachtung nach absurden »rassenbiologischen« Kriterien, die schließlich die Begründung für die Deportation nach Auschwitz liefern sollten.

Seit 1938 zog sich das Netz der Verfolgung allmählich zu. Den Anfang machten Berufsverbote für die selbständigen und meist in Familienverbänden umherziehenden Händler, Musiker, Artisten und Schausteller. Vielen von ihnen wurde die Mitgliedschaft in der Deutschen Arbeitsfront oder in anderen Berufsverbänden verweigert, ohne die jedoch keine Gewerbegenehmigung mehr zu erlangen war. Für die Künstler war die Mitgliedschaft in einer der Fachschaften der Reichskulturkammer Pflicht. Seit 1936 war dafür ein »Ariernachweis« notwendig. Wer ohne Gewerbegenehmigung illegal weiter arbeitete, statt sich von den Arbeitsämtern in schwere, schlecht bezahlte Hilfsarbeiten vermitteln zu lassen, riskierte eine Einweisung als vermeintlich »arbeitsscheu« oder »asozial« in ein Konzentrationslager.

Im Mai 1938 wurde der in München agierende polizeiliche Nachrichtendienst in »Reichszentrale zur Bekämpfung des Zigeuner-Unwesens« umbenannt und in das Reichskriminalpolizeiamt (RKPA) nach Berlin überführt. Im Gepäck der Behörde befanden sich Personalakten von mehr als 30 000 »Zigeunern und Landfahrern«, das Ergebnis jahrzehntelanger Überwachung, Erfassung und Kriminalisierung der Minderheit. Dieser Grundstock an Herrschaftswissen wurde von den Mitarbeitern der Reichszentrale in den folgenden Jahren erheblich erweitert und ergänzt. Er bildete gewissermaßen die Ausgangsbasis für die geplante Verfolgung und Ermordung.

Wie es in einem Erlass von Heinrich Himmler vom 8. Dezember 1938 heißt, sollte die Behörde alle »sesshaften und nichtsesshaften Zigeuner« sowie alle »nach Zigeunerart umherziehenden Personen« sowohl im Deutschen Reich als auch in den mittlerweile angeschlossenen bzw. annektierten Territorien von Österreich und den Sudeten erfassen und »rassenbiologisch« untersuchen. Die Begutachtung übertrug das RKPA der seit 1936 bestehenden »Rassenhygienischen und bevölkerungsbiologischen Forschungsstelle« im Reichsgesundheitsamt. Deren Leiter Robert Ritter, ein promovierter Psychologe und Mediziner, hatte sich mit abstrusen Theorien den Status eines »Zigeunerexperten« erworben. Seine wissenschaftlich nicht haltbaren Untersuchungen über die Vererbbarkeit kriminellen Verhaltens versuchte er mit Konstrukten über die unveränderbaren »rassischen« Eigenschaften der Zigeuner zu kombinieren. Vor allem in den »Zigeunermischlingen« sah Ritter eine Population, welche die »deutsche Volksgemeinschaft« genetisch »zersetze«. Er und seine Mitarbeiter sollten in den folgenden Jahren die pseudowissenschaftliche Begründung für das Handeln der Polizei liefern. Das heißt, sie bestimmten, wer als »Zigeuner« zu gelten hatte und wer nicht.

Ein Teil der polizeilichen Erfassungskarteien aus dem Bestand der »Reichszentrale« sowie der Materialien der »Rassenhygienischen Forschungsstelle« befindet sich heute im Bundesarchiv in Berlin. Bürgerrechtler der Sinti und Roma erzwangen 1981 mit einer spektakulären Besetzungsaktion des Archivkellers der Tübinger Universität, dass diese Zeugnisse des Verbrechens dem Zugriff der Nachfolger der Rassebiologen, die sich nun Anthropologen nannten, endlich entzogen wurden.

Zu diesen Nachfolgern hatte unter anderen Herrmann Arnold gehört, der in den 1950er und 1960er Jahren mit »sozialbiologischen Studien« über »Zigeuner« den rassistischen Ansatz von Robert Ritter fast nahtlos und ungehindert weiterführte. Arnold übergab zu Beginn der 1970er Jahre seine Materialien an das Anthropologische Institut der Universität Mainz. Von dort sollten sie eigentlich ins Bundesarchiv gebracht werden, stattdessen gelangten sie 1980 unter ungeklärten Umständen an die Universität Tübingen, wo Sophie Ehrhardt, eine ehemalige enge Mitarbeiterin von Ritter, noch bis kurz zuvor als Professorin geehrt und auf der

Basis weiterer über die Zeit »geretteter« Bestände aus der Forschungsstelle Aufsätze über »Zigeunerschädel« und »Handfurchen bei Zigeunern« publiziert hatte. Offenbar sollte der inzwischen emeritierten Ehrhardt eine weitere Auswertung ermöglicht werden. Erst die erwähnte Besetzungsaktion der Bürgerrechtler am 1. September 1981 machte diesem skandalösen Zustand ein Ende. Die Materialien wurden noch in der gleichen Nacht in das Bundesarchiv (damals in Koblenz) transportiert.

Es handelt sich vor allem um Kästen voller Karteikarten, alphabetisch und nach Regionen geordnet. Neben den Fotos der Betreffenden sind ihre Namen, Geburtsdaten sowie die jeweiligen Orte und Daten der Erfassung vermerkt. Obwohl es bei den allerwenigsten der dort abgebildeten Personen einen Hinweis auf einen Verstoß gegen Gesetze, auf ein Delikt gibt, wurden alle erkennungsdienstlich behandelt: Porträts von vorn, von der Seite und im Halbprofil. Wie in einer Verbrecherkartei.

Die Kontinuität zwischen der Ermittlungsarbeit der bayrischen Polizei und der der »Reichszentrale« ist manchmal direkt ablesbar: Einige der Karteikarten wurden bereits in den Jahren 1914 oder 1918 angelegt und dann 1938/39 »ergänzt«. Antonie S. zum Beispiel wurde zum ersten Mal am 18. Dezember 1924 im Polizeipräsidium Stuttgart registriert und dreifach fotografiert. Die Fotoreihe darunter zeigt sie fast vierzehn Jahre später, am 4. Februar 1938, in der Anstaltskleidung des Frauengefängnisses Gotteszell. Ebenso Theodor L., Geburtsjahr 1881. Von ihm legte die Stuttgarter Polizei am 17. Mai 1929 eine Karteikarte an. Im Jahr 1938 wird die Kartei um drei weitere Fotos ergänzt. Theodor L. war nun Häftling im Konzentrationslager Dachau.

Viele der Karteikarten, die ich im Bundesarchiv angeschaut habe, wurden erst 1939/40 angelegt. Ganze Familienverbände sind dort abgebildet: alte Männer und Frauen, Erwachsene, Jugendliche, Kinder, die verstört, zornig, ratlos blicken oder unsicher in die Kamera lächeln.

Neben diesen Zeugnissen der polizeilichen Erfassung verweisen die Unterlagen in weiteren Karteikästen auf die »Forschungsmethoden« der Mitarbeiter des Ritter-Instituts: Augen und Haare der »untersuchten« Personen wurden mit Hilfe von Zahlen bzw. Buchstaben klassifiziert, Kopflänge und Körpergröße gemessen, die Beinlänge ins Verhältnis zur Körpergröße gesetzt, auch bei ganz kleinen Kindern. Was an diesen Daten ablesbar sein sollte, erschließt sich nicht. Die fleißigen »Rasseforscher« nahmen Hand-, Fuß- und Fingerabdrücke, sie fotografierten Köpfe, Hände, Augen und die Iris. Im Katalog der Heidelberger ständigen Ausstellung über die Verfolgung der Sinti und Roma ist der Bericht von Josef Reinhard zu lesen, der als Kind diese Prozeduren erdulden musste: Er und seine Geschwister, so erinnert er sich, hätten sich nacheinander auf einen Stuhl setzen müssen. Ritter hätte die Augen der Kinder miteinander verglichen und sie ausgefragt. »Wir mussten den Mund öffnen und bekamen mit einem seltsamen Instrument den ganzen Rachen ausgemessen, danach die Nasenlöcher, die Nasenwurzel, die Augenweite, die Augenfarbe, die Augenbrauen, Ohren innen und außen, das Genick, den Hals, alles was überhaupt zu messen war.«

Ritter und seine Leute entwarfen genealogische Übersichten, um mit deren Hilfe die Vorfahren und sämtliche Zweige der jeweiligen Familienverbände zu erfassen. Der Schriftsteller Reimar Gilsenbach, der nach 1945 die Geschichten überlebender Sinti aufzeichnete, schreibt von »rassebiologischen Kreuzverhören«, denen die »Diagnoseopfer« sich außerdem unterziehen mussten: »Dabei genügte es oft schon, dass der Befragte Ausflüchte machte, um ihn als ›Zigeuner‹ oder ›Zigeunermischling‹ abzustempeln, denn ›Verschlagenheit‹ galt als Rassemerkmal von ›Zigeunern‹«.

Aus den zusammengetragenen Materialien erstellte die »Rassenhygienische und Bevölkerungsbiologische Forschungsstelle« vom Sommer 1941 bis zum Ende des Krieges etwa 24 000 Gutachten und lieferte die Mehrzahl der derart Begutachteten der Inhaftierung, der Zwangsarbeit, Zwangssterilisation und dem Tod aus.

In einem der Karteikästen im Bundesarchiv fand ich Karten mit den Namen von Aloys Blum, seinem Bruder Karl und ihrer beider Vater Berthold. Der Kasten trägt die Aufschrift »Genealogie Namenskartei B«. Auf diesen

Karten fehlen die Fotos, es wurden auch keine krypti-schen Körper- und Kopfparameter vermerkt. Vielleicht existierten noch andere Karteien, die nicht überliefert wurden. Die vorhandenen Dokumente legen jedoch nahe, dass einige Mitglieder der engeren Familie von Willy Blum lediglich im Kontext der Erstellung einer Genealogie ins Visier der Ermittler gerieten, dass weder Aloys noch Karl (ihr Vater Berthold war bereits 1929 verstorben) befragt oder vermessen worden waren.

Die genealogische Aufstellung selbst ist ein breites, aus vielen Teilen zusammengeklebtes Papierband, auf dem der Versuch unternommen wird, den weitver-zweigten Familienverband der Blums vertikal wie ho-rizontal in ihrem Zusammenhang darzustellen. Man sieht es den Eintragungen auf dem Papierband an, wie hier Kenntnisse aus Geburtsregistern und Polizeiakten mit sehr viel vageren Auskünften kombiniert wurden. Manchmal fehlen Vornamen oder Nachnamen, oder es ist lediglich der »Zigeunername« vermerkt, also der Name, mit dem der oder die Betreffende innerhalb des Familienverbandes gerufen wurde, was ein Hinweis darauf sein könnte, dass diese Angaben aus den »ras-sebiologischen Verhören« gewonnen wurden. Geburts-jahre, Geburtsorte sind bisweilen mit Fragezeichen ver-sehen, oder es gibt verschiedene Versionen davon.

Aloys Blum steht hier neben seinen sechs und elf Jah-re älteren Brüdern Karl und Leopold Franz; bei einem weiteren Bruder – Arthur – und einer Schwester, die nur mit ihrem familieninternen Beinamen aufgeführt ist, fehlen die Geburtsdaten. Die Eltern dieser fünf Kinder heißen hier Berthold Blum und »Lotschi«, geborene Fischer, während sie auf der Geburtsurkunde von Aloys als Bernhard Blum und Caroline Blum, geborene Vogel, vermerkt sind. Auf solche Abweichungen bei Namen und Geburtsdaten in den einzelnen Dokumenten bin ich bei dieser Recherche einige Male gestoßen. Man könnte meinen, es handele sich um ganz andere Personen, wenn nicht die Todesjahre und Todesorte jeweils übereinstimmen würden und wenn nicht Aloys' Bruder Karl bei seiner Einlieferung in Buchenwald seine Eltern als Berthold und Alwine Blum, geborene Fischer, benannt hätte.

Die Genealogie gibt außerdem lückenhafte Auskünfte über Karl Blums Familie: über seine Ehefrau Alma, geborene Heilig, und ihre Kinder Walter, Alfred, Adelheid, Siegfried und Wilhelmine, während Toni Blum, die Ehefrau von Aloys, und die gemeinsamen Kinder des Paares den Rasseforschern offenbar nicht bekannt waren. Weder in der genealogischen Aufstellung noch in der Namenskartei sind sie zu finden, was sie aber letztlich vor der Verschleppung nach Auschwitz nicht geschützt hat.

Als ich zu Beginn meiner Recherche verschiedene Archive anschrieb und nach Dokumenten fragte, die Auskunft über Willy Blum und seine Familienangehörigen geben könnten, übermittelte mir ein Mitarbeiter des Archivs Sachsen-Anhalt die Kopie der polizeilichen Personalakte eines Berthold Blum und die ihn betreffende »Gutachtliche Äußerung« der »Rassenhygienischen Forschungsstelle«, unterschrieben am 1. April 1942 von Robert Ritters enger Mitarbeiterin Eva Justin. Doch das konnte nicht der Vater von Aloys sein, der bereits 1929 verstorben war. Dieser Berthold Blum war 1873 in Jesewitz/Kreis Delitzsch geboren worden. Seinen Namen fand ich ebenfalls in der »Blum-Genealogie« im Bundesarchiv. Auch bei ihm stimmten die Namen seiner Eltern auf dem Papierband nicht mit denen auf der polizeilichen Personalakte überein, ein Zeichen dafür, mit welcher Achtlosigkeit und Willkür hier »geforscht«, »begutachtet« und letztlich über Leben und Tod entschieden wurde.

Hinter dem Namen von Berthold Blum, hinter den Namen seiner Eltern, seiner Ehefrauen und Kinder steht jeweils mit Bleistift ein »ZM (+)«. In der Ritter'schen Bewertungsskala bedeutete das – sie wurden als »Zigeunermischlinge« eingestuft, wobei das Plus in Klammern hieß: »mit vorwiegend zigeunerischem Blutsanteil«. Folgt man den Linien, die sich, nicht gerade übersichtlich, über die gesamte Breite des gefalteten Papierbandes ziehen, so hat es zunächst den Anschein, als ob Aloys Blum und Berthold Blum miteinander verwandt wären. Waren Gottlieb Blum, den ich für den Großvater von Aloys Blum ansehe, und Karl-Wilhelm Blum, der Urgroßvater von Berthold, Brüder. Doch beim näheren Hinschauen schwindet diese Gewissheit wieder. Die einzelnen Häkchen und Zeichen sind nicht immer eindeutig zuzuordnen, manche Linien enden im Nirgendwo – letztlich bin ich mir nicht sicher, ob eine Verbindung zwischen den beiden Familien überhaupt existiert und ob mit dieser Genealogie nicht willkürlich eine »Sippe« konstruiert werden sollte, allein aufgrund des identischen Familiennamens.

Auf dem Berthold Blum betreffenden Gutachten steht ganz unten noch die Bemerkung: »Erfassungsort Gross-Santersleben«. Groß-Santersleben, eine Gemeinde etwa zwanzig Kilometer von Magdeburg entfernt, war vermutlich der damalige Wohnort von Berthold Blum und seiner Familie. »Fliegende Arbeitsgruppen«, so nannte Robert Ritter seine Gutachterteams, die seit dem Frühjahr 1937 mit Eisenbahn oder Automobilen unterwegs waren, um im gesamten Deutschen Reich die Angehörigen der Minderheit aufzuspüren, zu vernehmen und zu vermessen. Aus den Berthold Blum betreffenden Dokumenten ist nicht ersichtlich, in welchem Jahr die Erfassung stattfand. Es ist jedoch denkbar, dass die Familie in diesem Zusammenhang gezwungen wurde, in das Magdeburger »Zigeunerlager« umzusiedeln, das bereits seit 1936 existierte. Ähnlich wie in Berlin-Marzahn, in Frankfurt, Düsseldorf und Köln war auch die Errichtung des Magdeburger Lagers am Holzweg eine Eigeninitiative der Kommune, quasi ein Vorgriff auf die späteren polizeilichen Maßnahmen, mit dem Ziel, die Angehörigen der Minderheit aus dem Stadtbild zu verdrängen und von der übrigen Bevölkerung zu trennen. Die Magdeburger Stadtverwaltung verlegte den bisherigen Rastplatz für die Wohnwagen an den Stadtrand, das Gebiet wurde eingezäunt und von der Polizei bewacht. Den Insassen des Lagers wurden ihre Pferde oder Zugmaschinen weggenommen, ihre bisherigen selbständigen Berufe durften sie nicht mehr ausüben und wurden stattdessen zu schlecht bezahlten Hilfsarbeiten verpflichtet.

Kurz nach Kriegsbeginn verschärfte das Reichssicherheitshauptamt die Zwangsmaßnahmen gegenüber den Sinti erneut entscheidend. Der Festschreibungserlass vom 17. Oktober 1939 verbot auch denen, die bisher noch nicht in einem der kommunalen Lager festgehalten wurden, jegliche Bewegung. Sie mussten sich mit ihrer Unterschrift verpflichten, an dem Ort zu bleiben, an dem sie sich zum Zeitpunkt der »Festschreibung« aufhielten. Wer sich daran nicht hielt, dem drohte die Inhaftierung im Konzentrationslager.

Die Wandermarionettenspieler, die in der Fachschaft Puppenspiel der Reichstheaterkammer zwangsorganisiert waren, waren im Mai 1936 aufgefordert worden, den Nachweis ihrer »arischen Abstammung« zu erbringen. Dazu mussten sie die Geburts- bzw. Taufurkunden ihrer Eltern und Großeltern nach Berlin schicken. Olaf Bernstengel und Lars Rebehn schreiben, dass dieser Prozess sich über einige Jahre hingezogen hätte. Viele Bühnenbesitzer hätten die Aufforderung anfangs nicht ernst genommen. Überdies sei es für sie weitaus schwieriger gewesen, die erforderlichen Papiere beizubringen, als für die sesshafte Bevölkerung. Im Jahr 1939 seien die Vorgänge noch immer nicht abgeschlossen gewesen. Auch die Prüfung der Unterlagen zog sich in die Länge, und ihr Ergebnis blieb für die Betroffenen undurchsichtig und willkürlich. Während einige Prinzipale ihre Gewerbegenehmigung verloren, durften andere weiter spielen.

Die Nationalsozialisten betrachteten das volkstümliche Puppenspiel als Teil des »deutschen Brauchtums«, das bewahrt und gefördert werden sollte. Gleichzeitig bedeuteten die Nürnberger Gesetze eine existentielle Bedrohung für die Gruppe der Marionettenspieler insgesamt. Einige Familien galten von der Herkunft her als Sinti beziehungsweise den Sinti nahestehend, und aufgrund der vielen wechselseitigen Eheschließungen waren sie fast alle auf irgendeine Weise miteinander verwandt. Die rassistische Politik der Nationalsozialisten, die darauf zielte, die »arischen« von den »nichtarischen« Spielern zu trennen, verbreitete Angst und spaltete die Mitglieder dieser Gemeinschaft, die sich bis dahin durch ihre besondere Lebens- und Arbeitsweise verbunden gefühlt und die zweifellos ihren Stolz, ihre Berufsehre als Künstler, aber auch die Erfahrung mit Vorurteilen und Diskriminierung miteinander geteilt hatten.

Die Erinnerungen des sächsischen Puppenspielers Erich Kleinhempel, der bereits frühzeitig Mitglied der

NSDAP wurde, sind ein Beispiel für das vermutlich wachsende Bedürfnis, sich von den »Zigeunern« abzugrenzen. Der 1898 geborene Kleinhempel begann 1933 mit der Niederschrift des Textes. Bei der Beschreibung seiner Kindheit, die vom ständigen Wechsel von einem Spielort zum anderen geprägt war, ist es ihm wichtig zu betonen, dass »dieses nomadisierende Lebensdasein« weder bei ihm noch bei seinen Eltern jemals »das Gefühl einer Heimatlosigkeit« habe aufkommen lassen. »Am wenigsten aber«, so fährt er fort, »hatte das Wanderleben meiner Eltern und Voreltern den Zug ins Zigeunerhafte. Die Eltern wohnten in den Ortschaften, wo sie mit dem Geschäfte hielten, stets privat oder im Gasthofe, wo das Theater aufgestellt war. Die giftgrünen Wohnwagen mit roten Fenstern waren dem Vater im höchsten Maße unsympathisch.« An einer anderen Stelle seiner Erinnerungen berichtet er von einem Besuch bei der Schwester seiner Mutter. Dabei wird deutlich, wie nah der Schreiber diesem als unsympathisch beschriebenen »Zigeunerhaften« letztlich doch war. Seine Tante – es handelte sich um die Marionettenspielerin Thekla Bille, geborene Franziskus – reiste nämlich mit Mann und Sohn in einem dieser »giftgrünen Wohnwagen mit roten Fensterläden« durch das Land.

3. HOYERSWERDA

Im Jahr 1938 – in welchem Monat genau, ist nicht bekannt – zog die Familie Blum von Dresden nach Hoyerswerda um. Der Gedanke liegt nahe, dass dieser Ortswechsel im Zusammenhang mit den sich verschärfenden Maßnahmen gegen die Minderheit der Sinti stand. Vielleicht hatte die Stadt Dresden den Wandergewerbeschein für Aloys Blum nicht mehr verlängert. Viele Gemeinden gingen bereits etwa seit Mitte der 1930er Jahre zunehmend restriktiv mit solchen Genehmigungen um – lange bevor sie eine entsprechende Anordnung von der »Reichszentrale« erhielten.

Mit dem Wechsel vom Freistaat Sachsen in die preußische Provinz Niederschlesien (Hoyerswerda gehörte damals zu Schlesien) hofften die Blums wohl, dem drohenden Berufsverbot ausweichen zu können, und hatten damit zunächst Erfolg. In seinem Entschädigungsantrag erklärte Aloys Blum 1954, er habe sein Gewerbe bis zum Februar 1942 ausüben können. Das spricht dafür, dass die Stadt Hoyerswerda ihm einen Wandergewerbeschein erteilte und dass die Familie weiterhin – wie sie es gewohnt war – in dem vorgeschriebenen Umkreis unterwegs sein und ihre Vorstellungen präsentieren konnte. Hoyerswerda war damals eine Kleinstadt mit etwa 7000 Einwohnern. Erst nach dem Ende des Zweiten Weltkriegs, in der Zeit der DDR, sollte sich mit dem Bau des Braunkohlenkombinats »Schwarze Pumpe« und der Errichtung einer riesigen Neustadt die Bevölkerungszahl etwa verzehnfachen.

Ende der 1930er Jahre, als die Blums sich dort niederließen, hatte das frühere Ackerbürger- und Handwerkerstädtchen bereits begonnen, sich in Richtung Industriestandort zu entwickeln. Seine Bewohner fanden Arbeit in den umliegenden Glashütten, Braunkohlengruben und kleinen Brikettfabriken. Wichtig ist auch zu erwähnen, dass etwa ein Viertel der Hoyerswerdaer sorbischer Abstammung waren, die ihre eigene Sprache sprachen und ihre kulturellen Traditionen pflegten. 1912 war in Hoyerswerda die Domowina, der Dachverband der sorbischen Vereine und Organisationen, gegründet worden. Gegenüber der starken sorbischen Minderheit verhielten sich die Nationalsozialisten anders als gegenüber den Juden sowie Sinti und Roma. Sie versuchten sie zwangsweise zu germanisieren. 1937 löste das Regime die Domowina auf und verbot alle sorbischen Vereine, Sorbisch durfte in der Öffentlichkeit nicht mehr gesprochen werden. Lehrer und Geistliche wurden in weit entfernte Landesteile versetzt, Intellektuelle, die sich gegen die Verbote zur Wehr setzten, wurden inhaftiert.

Obwohl in Hoyerswerda das gewohnte Leben zunächst weitergehen konnte, wird Aloys und Toni Blum das Gefühl einer schleichenden Bedrohung nicht mehr verlassen haben. Die fahrenden Leute, insbesondere die Sinti unter ihnen, standen miteinander in enger Verbindung. Informationen über das Schicksal von Verwandten und/oder Kollegen, von denen einige ihr Gewerbe weiter ausüben durften, andere bereits »festgeschrieben« oder sogar inhaftiert waren, verbreiteten sich schnell. Außerdem gab es den Druck seitens der Reichstheaterkammer wegen des »Ariernachweises«. Es ist nicht überliefert, ob Aloys Blum die geforderten Taufurkunden beschaffte und an die Fachschaft Puppenspiel nach Berlin schickte. Seine Tochter Elli Schopper sagte auf meine Frage zwar, das habe er nicht getan, weil es doch klar gewesen sei, dass sie »keine Deutschen« waren. Ich jedoch halte es nicht für ausgeschlossen. Schließlich lebten seine Eltern und Großeltern ebenso wie die Vorfahren seiner Frau Toni schon seit mehr als 300 Jahren in Deutschland, und sie alle waren katholisch beziehungsweise evangelisch getauft. Doch sollte er es versucht haben, kam wohl von Berlin lange Zeit keine Reaktion, keinerlei Bestätigung, dass ihre vorläufige Mitgliedschaft in der Theaterkammer in eine ständige umgewandelt worden sei.

Der stolze Eintrag aus dem Dresdner Adressbuch: »Aloys Blum, Marionettentheaterbesitzer«, taucht im Adressbuch von Hoyerswerda vom Jahr 1939 nicht wieder auf. Stattdessen steht dort: »Toni Blum, Händlerin, Burgplatz 4«. Demnach besaß sie eine Gewerbegenehmigung, um wie schon in früheren Zeiten Handarbeiten zu verkaufen. Spitzen und Spitzendecken, sagte Enkeltochter Ella. Toni hätte sie bei den Klöpplerinnen im Erzgebirge gekauft und dann an den Haustüren angeboten. Dieser Eintrag im Adressbuch ist insofern ungewöhnlich, weil zur damaligen Zeit Frauen nur darin vorkamen, wenn sie alleinstehend oder verwitwet waren. Wollte sich Aloys nicht mehr öffentlich als Besitzer eines Marionettentheaters präsentieren, um möglichst wenig Aufmerksamkeit auf sich zu lenken? Doch das ergibt keinen Sinn, denn ein Theater lebt letztlich von der Aufmerksamkeit der Leute.

Auf dem genannten Grundstück Burgplatz Nr. 4 befindet sich heute ein Einfamilienhaus und ein kleines Nebengebäude. Es ist schwer vorstellbar, dass 1938/39 dort die beiden Wohnwagen der Blums, der Wagen mit dem Theater und die Zugmaschine gestanden haben sollen. Eine historische Luftbildaufnahme zeigt jedoch, dass der Burgplatz früher am Rande der Stadt lag und dass unmittelbar dahinter die Wiesen begannen. Das kleine Nebengebäude besaß zu dieser Zeit noch ein zweites Stockwerk. Im Adressbuch sind unter der Nummer 4 außer der Eigentümerfamilie Kreibig sieben weitere Namen verzeichnet, allesamt vermutlich alleinstehende Männer, die in einzelnen Kammern in dem Nebengebäude wohnten.

Elke Roschmann vom Stadtmuseum befragte den Enkel des damaligen Eigentümers, der sich vage erinnerte, dass sein Großvater einmal von einer Frau Blum gesprochen habe. Vielleicht standen die Wagen hinter dem Haus auf den Wiesen? Vielleicht aber unterschrieb Ernst Kreibig, der Hauseigentümer, auch nur eine Meldebescheinigung, damit Toni Blum einen Gewerbeschein beantragen konnte.

Eine andere Adresse brachte der Hoyerswerdaer Gastwirt und Hotelbesitzer Paul Michling ins Gespräch, als er 1950 im Zusammenhang mit dem Entschädigungsverfahren als Zeuge befragt wurde: Aloys Blum habe ihm erzählt, sein Wohnwagen hätte am »Schützenplatz« gestanden. Später sei die Familie dann in einem »Behelfsheim« untergebracht worden. Michling fügte hinzu, Aloys Blum sei häufig sein Gast gewesen, sie hätten miteinander gesprochen. Der Mann habe einen »guten Eindruck« auf ihn gemacht und immer seine Zeche bezahlt. Später jedoch sei die Polizei mehrmals gekommen und habe nach Blum »Umschau gehalten«.

Eine Adresse »Schützenplatz« jedoch existiert und existierte in Hoyerswerda nicht. Martina Noack vom Stadtarchiv, die ich danach fragte, vermutet, es könne sich um den Platz hinter dem Schützenhaus in der damaligen Elsterstraße gehandelt haben, auf dem die Schützengilde ihre Feste veranstaltete. Sie hält es für möglich, dass die Blums dort ihre Wagen abgestellt hatten, denn in etwa 300 Meter Entfernung befand sich der sogenannte »Schweinemarkt«, auf dem auch Schausteller zeitweilig Station machten.

Aus einigen Dokumenten im Stadtarchiv und aus den Angaben, die Aloys und Toni Blum sowie ihre Kinder in den 1950er Jahren in ihren Entschädigungsanträgen machten, lässt sich ein fragmentarisches Bild ihres Lebens in Hoyerswerda zusammensetzen. Seit 1939 war das ein Alltag im Krieg, dessen wachsende Einschränkungen sie mit allen anderen Deutschen teilten. Willy und sein jüngerer Bruder Rudolf besuchten die evangelische Knabenschule in Hoyerswerda. Sehr wahrscheinlich war Rudolf dort im Jahr 1941 eingeschult worden. Ihre Schwester Dora ging zur Volksschule.

1942 wurde Willy in der katholischen Kirche von Hoyerswerda konfirmiert. Seine Schwester Elli beschreibt ihn als einen besonders kräftig gebauten Jungen. Sein Name innerhalb der Familie sei deshalb »Masengro« gewesen, was auf Romanes »Fleischer« bedeutet. Willy sei ein gutmütiger Junge gewesen, einer, der kein Unrecht vertragen konnte – nicht bei sich und nicht bei anderen.

Für den Vater wurde er zu einem wichtigen Helfer bei den Marionetten, nachdem der ältere Willy 1939 zur Wehrmacht und Hugo 1940 zum Arbeitsdienst eingezogen worden waren. An den Arbeitsdienst schloss sich im selben Jahr der Wehrdienst an. Hugo gab später an, er habe in der Artillerie-Ersatz-Abteilung 1 gedient, die – laut »Lexikon der Wehrmacht« – im von Deutschland annektierten »Protektorat« Böhmen und Mähren und später in Königsberg stationiert war. Willy habe, so erklärte später Aloys, seit 1940 an der Front kämpfen müssen.

Die Töchter Therese, Elisabeth, Elli und Ella, die 1940 zwischen fünfzehn und einundzwanzig Jahre alt waren, lebten noch bei den Eltern und waren als Musikerinnen, Sängerinnen und Spielerinnen in den Familienbetrieb eingebunden. Die älteste Tochter Anna hatte 1940 in Berlin einen Sohn geboren. Nachdem die Beziehung zum Vater des Kindes, Bernhard Heilig, auseinandergegangen war, kehrte sie vermutlich 1941 oder 1942 zu ihrer Familie nach Hoyerswerda zurück. Ihr kleiner Sohn hieß Rudolf, ebenso wie ihr jüngster Bruder.

Nach der Rückkehr von Anna teilten sich demnach neun Personen die beiden Wohnwagen. Therese allerdings muss spätestens in der zweiten Hälfte des Jahres 1941 zu ihrem Bräutigam gezogen sein. Sie brachte am 15. November 1941 »in ihrer Wohnung« in Bröthen einen Sohn zur Welt, der die Namen Johann und Siegfried erhielt. Die Geburtsurkunde wurde vom Standesamt in Schwarzkollm ausgestellt, einer Ortschaft, die ebenso wie Bröthen nur wenige Kilometer von Hoyerswerda entfernt war. Sechs Wochen später, am 24. Dezember 1941, heiratete Therese den Vater ihres Kindes, den zehn Jahre älteren Schausteller Julius Geissler. In der Eheurkunde wird die Adresse der Braut mit Hoyerswerda, Ackerstraße 7 angegeben. Vermutlich war sie zu diesem Zeitpunkt dort noch immer gemeldet. Dies könnte auch ein weiterer möglicher Stellplatz für die Wohnwagen der Familie Blum gewesen sein. Das Grundstück Acker-straße 7 liegt am Rande der Stadt. Heute befindet sich dort ein Autohaus. Vielleicht war es in den 1940er Jahren noch nicht bebaut, oder es standen darauf nur Schuppen und Garagen.

Während der erste Teil der Eheurkunde die üblichen Angaben zu Braut, Bräutigam und den Trauzeugen enthielt, diente der NS-typische zweite Teil dem Nach-weis der Abstammung des Paares. Dort sollten Infor-mationen über die Eltern der Eheschließenden mit Ver-weisen auf deren Geburts- und Eheurkunden sowie auf die religiöse Zugehörigkeit eingetragen werden. Auf dem Standesamt Schwarzkollm nahm man es wohl nicht sehr genau damit. Dass Ort, Datum und Standes-amtsnummer der Eheschließung der Brauteltern fehl-ten, war offenbar kein Hindernis für die Heirat. Im Er-gebnis jedenfalls erhielten Therese und Julius Geissler das Prädikat: »deutschblütig«.

Julius Geissler besaß einen »Kettenflieger« und eine »Wurfbude«. Damit zog er mit Frau und kleinem Sohn über die Jahrmärkte. Nur für den Winter kamen sie nach Hoyerswerda/Bröthen zurück. In ihrem Entschä-digungsverfahren berichtete Therese von der gemein-samen Anschaffung eines Glücksrades. Während der Kirmestage habe sie an der Kasse gesessen und sei au-ßerdem in der Wurfbude und beim Glücksrad tätig ge-wesen. Dass ihre Eltern ihr, wie sie erklärte, eine Aus-steuer mitgaben und einen Wohnwagen schenkten, deutet darauf hin, dass die Blums von den Einnahmen aus dem Marionettentheater und dem Verkauf von Handarbeiten auch in den ersten beiden Kriegsjahren noch einigermaßen leben konnten.

Verhaftung

Zu Beginn des Jahres 1942 änderte sich die Situation jedoch gravierend. Im Februar 1942 wurde Aloys Blum aus »rassischen Gründen« das Wandergewerbe gesperrt. Um weiterhin den Unterhalt für seine Familie bestreiten zu können, war er gezwungen, einen der beiden Wohnwagen und die Zugmaschine zu einem Preis weit unter deren Wert zu verkaufen. »Um den Wandergewerbeschein wieder zu erhalten, besuchte ich das Ministerium in Berlin, wo mir dieser Gewerbeschein, ebenfalls aus rassischen Gründen, versagt wurde.« Dieser Satz, den der Anwalt Gröpke nach den Angaben von Aloys Blum 1954 in einem Schriftstück zur »Schilderung des Verfolgungsvorgangs« in seiner Sprache formulierte, gibt die tatsächliche Dramatik des Geschehens kaum wider. Die Reise nach Berlin, der Gang zum Ministerium – gemeint war vermutlich das Goebbels'sche Propagandaministerium, dem die Reichstheaterkammer und auch die Fachschaft Puppenspiel unterstanden – muss eine Verzweiflungstat gewesen sein, der Versuch, doch noch einen Ausweg aus der existentiellen

Notlage zu finden. Zugleich war es ein mutiger Akt des Protests, der weitere Repressalien nach sich ziehen konnte, denn »Zigeuner« und »Zigeunermischlinge« waren – wie die Juden – aller Bürgerrechte beraubt und der Willkür von Behörden und Polizei völlig ausgeliefert.

Gerade noch für »deutschblütig« erklärt, war die gesamte Familie offenbar doch ins Visier der emsigen Ermittler der »Zentralstelle« im Reichssicherheitshauptamt geraten. Im April 1942 wurden Willy, der Ältere, und Hugo aus der Wehrmacht ausgestoßen und kehrten nach Hoyerswerda zurück. Hugo nahm eine Arbeit als Beifahrer beim Kohlenhandel Kozur an. Willy, Anna, Elisabeth und Elli mussten Zwangsarbeit im Reichsbahnausbesserungswerk Hoyerswerda leisten. Im Interview mit Frank Reuter und Emran Elmazi erklärte Elli, sie sei in dieser Zeit immer hungrig gewesen. Mit Putzwolle und Öl habe sie die Maschinen säubern müssen. Ihre Kleidung sei dabei schwarz geworden, und sie hatte doch nichts anderes zum Anziehen. In dem Maschinenschuppen sei sie mit polnischen und jüdischen Zwangsarbeitern zusammen gewesen. Wenn der Aufseher gerade nicht im Raum war, hätten sie unter der Maschine zusammengehockt und sich unterhalten.

Zeitgleich mit dem Entzug des Gewerbescheins war die Familie »festgeschrieben« worden, das heißt, sie durften die Stadt nicht mehr verlassen. Allein mit seiner Fahrt nach Berlin hatte Aloys Blum gegen dieses Verbot verstoßen. Nach seiner Rückkehr musste er sich jeden

Tag bei der Polizei melden. Die Festschreibung traf eben-so Therese Geissler und ihre Familie, die von Bröthen nach Hoyerswerda zogen. Die Familie war nun wieder beisammen – aber unter welchen Umständen! Die zwölf-jährige Dora wurde von der Volksschule gewiesen. Es sei ihrer Mutter jedoch gelungen, erklärte sie später, sie daraufhin in der Mittelschule anzumelden, wo das Mäd-chen aufgenommen wurde, obwohl seit 1941 die Kinder der Sinti eigentlich keine Schulen mehr besuchen durf-ten. Auch der Direktor der Knabenschule hielt sich nicht an diese Vorschriften und ließ Willy und Rudolf weiter am Unterricht teilnehmen.

In dieser Zeit – das muss noch vor dem Verkauf des einen Wagens und der Zugmaschine gewesen sein – un-ternahm die Familie einen Fluchtversuch. Ella Braun sagt, es hätten sich mehrere Sinti gesammelt, die verab-redet hatten, gemeinsam zu flüchten. Das Ziel war Ju-goslawien. Ihr Großvater habe mitgewollt, weil auch ein Cousin von ihm dabei war. In der Nacht seien sie aufge-brochen, doch nicht weit von Hoyerswerda entfernt, nahe dem Dorf Schwarze Pumpe, sei ein Reifen kaputt-gegangen, so dass sie nicht mit den anderen weiterfah-ren konnten.

Dieses Ereignis spielt auch im Zeitzeugengespräch ihrer Mutter eine Rolle. Sie erzählt, ihr Vater sei ins Dorf gelaufen, um den Reifen aufzupumpen. »... und wir ha-ben gebetet, wie lange der bleibt. Da haben sie uns ge-holt. Da kamen sie an, die Männer mit den Motorrädern, und haben uns überfallen auf der Straße.« Während der Vater das Rad wieder anbauen musste, hätten die Männer ihn auf den Rücken geschlagen. Die Mutter habe sich dazwischenstellen wollen und hätte daraufhin Schläge auf die Hände bekommen: »Die hatte so dicke Hände, so haben sie gehauen.« Dann mussten sie umdrehen und wurden von den Männern – vermutlich Polizisten – zurück nach Hoyerswerda eskortiert. Dort habe man ihnen alles abgenommen und sie in eine Baracke gesperrt. Der Vater sei verhaftet worden.

Von diesem gescheiterten Fluchtversuch ist kein Polizeibericht überliefert. Auch in den Entschädigungsakten der Blums ist er nicht erwähnt, doch innerhalb der Familie ist die Erinnerung daran bewahrt und übermittelt worden. Ein Hinweis auf die Geschehnisse findet sich auch in den Häftlingsunterlagen von Aloys' Bruder Karl. In dessen Buchenwalder Karteikarte steht, dass er am 17. Januar 1943 in »Scopia, Bulgarien« festgenommen und am 20. Juli nach Auschwitz »überstellt« worden sei. Scopia, die mazedonische Stadt Skopje, war 1941 von der mit Nazideutschland verbündeten bulgarischen Armee besetzt worden. Die Familie war mit ihrer Flucht in eine Falle geraten, denn die bulgarischen Besatzer im Verein mit paramilitärischen Milizen der IMRO (Innere Revolutionäre Mazedonische Organisation) lieferten Juden und Sinti und Roma in den annektierten Gebieten an die Deutschen aus, während in Bulgarien selbst eine starke Protestbewegung die Deportation zumindest der

Juden verhinderte. Mit Karl Blum zusammen festgenommen wurden seine Frau Alma, ihrer beider erwachsene Söhne Alfred und Siegfried, deren Ehefrauen Franziska und Elfriede sowie insgesamt fünf Enkelkinder. 1949 gab Karl gegenüber dem bayrischen Hilfswerk die einzelnen Stationen ihrer Haft detaillierter an: Von Januar bis April wurden sie im serbischen Lager Niš festgehalten, von dort aus brachte man sie ins Lager Belgrad, nach Skopje gelangten sie offenbar erst kurz vor ihrer Auslieferung nach Auschwitz.

Aloys Blum wurde am 8. Mai 1942 verhaftet und in das Untersuchungsgefängnis im Hoyerswerdaer Schloss eingeliefert. Seine Tochter Elli erinnert sich im Interview, wie sie damals mit einem geborgten Fahrrad sofort zum Polizeirevier gefahren sei. Dort habe sie sich auf eine Bank setzen müssen, zwei Polizisten seien da gewesen. Den »Obersten« habe sie gekannt. »Der war bei uns, der hat bei meiner Mama Hühnersuppe gegessen und Kaffee getrunken. Mein Vater hat ihm das Angeln beigebracht. [...] da war er dankbar ... und Kartenspielen. Mein Vater war ein guter Skatspieler, hat mit den Polizisten und den Kollegen da Karten gespielt. Hat sein Geld gewonnen, der Vater.«

Am 18. Oktober 1950 wurde Justizoberwachtmeister Heinrich Fitze im Auftrag des Entschädigungsamtes Hannover als Zeuge befragt. Zu diesem Zeitpunkt war er noch immer in derselben Funktion und hatte denselben Dienstrang. Er sagte aus, Blum sei »Schutzhäftling«

gewesen. Die Haft sei vom Bürgermeister »in seiner Eigenschaft als Ortspolizeibehörde« angeordnet worden, »weil er angeblich Zigeunermischling war«. Es ist Heinrich Fitze wichtig zu betonen, er habe »gerade diesem politischen Gefangenen (...) aufgrund meiner eigenen politischen Einstellung jedwede Erleichterung gewährt«. Vielleicht war er der »Oberste«, den Elli Schopper erwähnt und der mit Aloys Blum kurz zuvor noch Karten gespielt hatte? Blum, so beteuert Fitze, habe von ihm nur leichte Arbeiten im Gefängnis zugewiesen bekommen. Fitze konnte 1945 nachweisen, dass er nicht Mitglied der NSDAP gewesen war. Er durfte im Staatsdienst bleiben. Vermutlich wollte er mit dem Hinweis auf seine »politische Einstellung« andeuten, dass er – wie zahlreiche Beamte in der Weimarer Republik – bis 1933 der Sozialdemokratischen Partei angehört hatte.

Nach fast zwei Monaten Haft in Hoyerswerda kam Aloys Blum am 1. Juli 1942 in das Polizeigefängnis Cottbus. Von dort aus wurde er mit einem Sammeltransport nach Auschwitz gebracht, wo er am 5. Juli als Häftling registriert wurde.

Elli Schopper erinnert sich, dass sie in dieser Zeit eine Postkarte vom Vater aus Auschwitz bekamen. Einer ihrer polnischen Zwangsarbeiter-Kollegen habe gesehen, wie sie weinte. »Er hat gesagt, warum weinst du denn? Und dann hab ich gesagt, mein Vater hat geschrieben. Nach neun Monaten. Der ist in Auschwitz. – Mój Boże! (Mein Gott!) hat der gesagt, ein Pole. Und dann hat er zu mir gesagt, weißt du, wo Auschwitz ist? Da vergasen sie die Juden und die Ausländer. – Oh, da haben sie mich bedauert, die Ausländer, die Arbeiter, die Kollegen.«

Aloys' in Hoyerswerda zurückgebliebenen Familienangehörigen durften nicht mehr im Wohnwagen wohnen. Sie wurden in eine Baracke in einem Elendsviertel am Rande der Stadt eingewiesen. Es handelte sich um die Siedlung »Am Wasserturm« mit Not- und Barackenunterkünften, die in den 1920er Jahren für Bedürftige errichtet worden waren. Wegen der erbärmlichen Zustände wurde das Viertel im Volksmund »Klein Berlin« genannt.

Die ehemalige Direktorin des Hoyerswerdaer Museums, Helga Müller, erinnert sich in ihrer Autobiographie, wie sie als Kind in dieser Gegend Zeitungen ausgetragen habe: Ein gehbehinderter Mann habe mit seiner Frau und mehreren Kindern in zwei kleinen Stuben gelebt: »Gaskocher in der Küchenecke, Pinkeleimer hinterm Vorhang«. Sie erinnert sich auch, dass auf der »freien Pläne« am Adlerberg manchmal »Zigeunerwagen« gestanden hätten: »Nur ungern ging ich dort vorbei. Ängstlich, gruselnd, neugierig, mit Kribbeln im Bauch. Schwarzlockige Kinder tollen, laut und ungezwungen, zwischen Hunden, ein paar Ziegen und Schafen herum.« Die 1931 geborene Autorin, die demnach frühestens 1937/38 dort unterwegs gewesen sein könnte, schreibt, sie weiß nicht mehr, wie lange »diese Fremden dort lebten«, weil Hitlers Rassegesetze »dieses

Lagerleben« sehr bald verboten hätten. Die gängigen Stereotype über »diese Fremden« – Exotik und beängstigende Wildheit – hat die Autorin über viele Jahrzehnte konserviert und unhinterfragt so niedergeschrieben. Im April 1945, so will sie erfahren haben, hätten die Überlebenden der Verfolgung zu den Plünderern gehört und nach dem Einzug der Roten Armee in der Hoyerswerdaer Kommandantur gedolmetscht. Die letzte Bemerkung betrifft wahrscheinlich eine der Töchter der Blum-Familie, die nach der Befreiung 1945 für kurze Zeit in der sowjetischen Kommandantur arbeitete, doch davon später.

In einer eidesstattlichen Erklärung im Rahmen ihres Entschädigungsantrags schilderte Toni Blum 1957 die Wohnverhältnisse, in die sie 1942 gezwungen worden waren: »Die Baracke umfasste drei Räume, einen Küchenraum und zwei weitere Räume.« Dorthinein hätten sie die Möbel aus dem Wohnwagen gestellt und auch die Kästen mit den Marionetten. Die übrigen Teile des Marionettentheaters habe sie in einem an die Kammer angrenzenden Schuppen unterbringen können. Vierzehn Menschen lebten demnach zusammengepfercht in zwei kleinen Räumen: Toni Blum und ihre zehn Kinder, die beiden Enkelsöhne Johann und Rudi sowie Thereses Ehemann Julius Geissler. Doch vielleicht war die 1925 geborene Ella zu dieser Zeit schon nicht mehr bei ihnen. Sie kommt in den amtlichen Unterlagen nirgends vor, weil sie als Einzige der Blum-Familie nicht nach Auschwitz deportiert wurde. Ella Braun erzählte mir, dass es ihr gelungen sei, zu fliehen und sich bei einem Onkel zu verstecken.

In Toni Blums Erklärung heißt es weiter, es sei ihnen untersagt worden, den Wohnwagen neben die Baracke zu stellen. Offenbar sollte ein weiterer Fluchtversuch verhindert werden. Ein Hoyerswerdaer Bürger, der in der Nähe wohnte, habe ihnen den Wohnwagen einfach gestohlen und ihn in seinem Garten als Laube aufgestellt. Sie mussten das geschehen lassen, konnten sich dagegen nicht wehren. Sie waren ja rechtlos und ständig in Gefahr, wegen kleinster, aus der Not begangener Regelverstöße kriminalisiert zu werden. So erging es Toni Blum, die wegen ihrer Tätigkeit als Händlerin offenbar angezeigt und im August 1942 vom Landgericht Görlitz »wegen Betrugs und Vergehens gegen die Preisvorschriften« zu zwei Wochen Gefängnis oder einer Geldstrafe von siebzig Reichsmark verurteilt wurde. So erging es Hugo Blum, der, aus Angst, ebenso verhaftet zu werden wie sein Vater, im Juni 1942 aus Hoyerswerda flüchtete. Um aus der Stadt fortzukommen, stahl er ein Fahrrad. Sein Ziel war das Wandermarionettentheater seines Onkels Julius Richter. Bei ihm habe er sich versteckt gehalten und nur für Essen und Unterkunft gearbeitet, erklärte er später vor der Entschädigungsbehörde. Ob das derselbe Onkel war, bei dem auch Ella untergekommen war?

Am 30. März 1943 wurde Hugo in Torgau festgenommen. Wegen des Fahrraddiebstahls verurteilte ihn das Gericht zu vier Monaten Haft, die er in den Gefängnissen Torgau und Görlitz verbüßte. Danach wurde er nicht entlassen, sondern zusammen mit vier anderen ebenfalls inhaftierten Sinti auf einen Transport nach Auschwitz geschickt. Am 9. August wurde Hugo in Auschwitz registriert. Im »Hauptbuch des Zigeunerlagers Auschwitz-Birkenau« steht hinter seinem Namen die Häftlingsnummer Z-8349 und die Notiz: »BIId Quar.« Das bedeutete, er war zunächst im Quarantäneblock des Männerlagers.

Zu diesem Zeitpunkt befanden sich bereits alle anderen Mitglieder seiner Familie im »Zigeunerlager« von Birkenau II. Nach einer Anweisung von Heinrich Himmler hatte das Reichssicherheitshauptamt am 29. Januar 1943 eine weitere – die entscheidende – Stufe der Verfolgung eingeleitet. Ein Schnellbrief an alle Kriminalpolizeileitstellen im Reich forderte, wie Reimar Gilsenbach zitiert, die »Einweisung von Zigeunermischlingen, Rom-Zigeunern und balkanischen Zigeunern in ein Konzentrationslager«. Wenig später folgten ähnlich lautende Anweisungen für die von der Wehrmacht besetzten Gebiete in Ost- und Westeuropa.

Anfang März 1943 erhielt die Polizei von Hoyerswerda den entsprechenden Befehl von der Leitstelle in Breslau. Es war nicht die Gestapo, nicht die SS, sondern die Kriminalpolizei, die bis hinunter zum kleinen Ortspolizisten für die fortschreitende Ausgrenzung, für alle

Zwangsmaßnahmen und Schikanen, für die Festschreibung, Ghettoisierung und schließlich die Verhaftung der Sinti zuständig war. Auch die Deportationszüge in die Vernichtungslager wurden von Polizisten begleitet. Außer der Polizei und der »Rassenhygienischen Forschungsstelle« waren noch zahlreiche andere Behörden im Dritten Reich an den Verbrechen an den Sinti beteiligt: Die Wehrmacht, die sie aus dem Wehrdienst ausschloss, das Arbeitsamt, das sie zur Zwangsarbeit verpflichtete, das Finanzamt, das eine Sondersteuer von ihnen erhob und das Eigentum der nach Auschwitz Deportierten beschlagnahmte, die Standesämter, die ihnen Ehegenehmigungen verweigerten, die Gesundheitsämter, die Zwangssterilisierungen anordneten, und die Volksbildungsbehörden, die die Kinder von den Schulen verwiesen. Im Fall von Willy, Rudolf und Dora Blum hatten zwei Hoyerswerdaer Schuldirektoren einen offenbar vorhandenen Handlungsspielraum genutzt und die Kinder an den Schulen belassen. Die Polizei von Hoyerswerda jedoch erfüllte ihren Auftrag ordnungsgemäß.

Sehr früh am Morgen des 3. oder 4. März 1943 umstellten Polizisten die Baracke, in der die Mitglieder der Familie Blum lebten. Toni Blum konnte sich fast zehn Jahre später nicht mehr an das genaue Datum erinnern, auch in den überlieferten Dokumenten tauchen unterschiedliche Daten auf.

Etwa im Frühjahr 1943, März oder April, so erklärte Toni Blum, habe sie in der Frühe »eine Menge Polizei« in der Nähe ihrer Baracke bemerkt. Ein Polizeiwachtmeister, der ihr unter dem Namen Ziehlke bekannt gewesen sei, habe ihr eröffnet, sie sollten sich »zum Abtransport bereithalten«. Vielleicht, so räumte sie ein, hätte der Mann einen höheren Rang gehabt. Mit Rangabzeichen kannte sich Toni Blum nicht aus – doch den Namen des für die Barackensiedlung damals zuständigen Polizeihauptwachtmeisters Ziehlke hatte sie nicht vergessen. Entweder hatte sie ihn in unangenehmer Erinnerung, weil er sie kontrolliert und schikaniert hatte, oder er war es, der noch kurz zuvor an ihrem Tisch gesessen und Hühnersuppe gegessen hatte. Nun aber war er in offizieller Mission gekommen. Ziehlke habe ihnen gesagt, erklärte Toni Blum weiter, sie dürften nur das Notwendigste mitnehmen. »Als wir die Baracke unter Aufsicht der Polizei dann verlassen mussten, hat die Polizei die Baracke abgeschlossen und mit Siegeln versehen.«

Im Jahr 1950 befragte Richter Schimpke vom Amtsgericht Hoyerswerda im Auftrag des Entschädigungsamtes Hannover den Zeugen Paul Haase, damals ebenso wie Ziehlke Polizeihauptwachtmeister. Haase, der zu diesem Zeitpunkt nicht mehr im Polizeidienst war, sondern als Zugschaffner arbeitete, konnte sich nicht mehr an das Jahr der Verhaftung erinnern: »Aloys Blum, seine Frau und einige Kinder«, so erklärte er, seien 1942 oder 1943 »auf die Polizeiwache in Hoyerswerda gebracht worden.« Die Tatsache, dass er auch Aloys Blum erwähnte, der bereits zehn Monate vor seiner Familie inhaftiert worden war, deutet allerdings darauf hin, dass es sich hier um eine anderes Ereignis handelte – vielleicht um die Festnahme nach dem missglückten Fluchtversuch? Ansonsten beschränkt sich Haases Aussage im Wesentlichen auf die Beteuerung, von alldem nichts gewusst zu haben: Er habe das Ganze nur zufällig gesehen, als er vom Straßendienst kurz auf die Wache kam. Warum die Blums verhaftet worden seien, wisse er nicht. Heute könne er sich denken, dass sie »als Zigeuner in Haft genommen worden« seien, aber mit Bestimmtheit wisse er das nicht. Er wisse auch nicht, »welchen Schaden die Familie Blum dadurch erlitten« habe und in welches Lager sie gekommen sei.

Nach kurzem Aufenthalt im Polizeigefängnis von Hoyerswerda wurden Toni Blum, ihre Kinder und Enkelkinder zum Bahnhof geschafft, wo sie in einen Zug nach Breslau steigen mussten. Dieser Zug sei ein »Sonderzug« gewesen, so erinnerte sich später die damals dreizehnjährige Dora: »mit Gestapo und Schwestern«. Die Kinder hätten alle geschrien. In Breslau seien sie in ein »Sammelgefängnis« gekommen. Einige Tage später sei es »in vergitterten grünen Wagen« erneut zum Bahnhof gegangen und von dort nach Auschwitz. »Die Ankunft mit Schlägen«.

Dora, Willy und Rudolf Blum wurden am 3. bzw. 4. März 1943 aus den Schülerverzeichnissen der Mittel- sowie der Knabenschule ausgetragen. Als Begründung für Doras Schulabbruch schrieb die Sekretärin, dass »die Familie der Gestapo übergeben« worden sei. Bei Willy und Rudolf stand in der Spalte »Vermerke«: »Die Familie Blum wurde durch die Polizei dem Polizeipräsidium in Breslau zur Weiterbehandlung überwiesen.«

4. ODYSSEE DURCH DIE KONZENTRATIONSLAGER

Auschwitz

Am 7. März 1943 wurden Toni Blum, ihre Kinder und Enkelkinder sowie der Schwiegersohn Julius Geissler an der Rampe von Auschwitz-Birkenau aus dem Waggon getrieben. Im Kalendarium von Auschwitz ist die Rede von einem »Sammeltransport« mit insgesamt 387 Männern und Jungen und 510 Frauen und Mädchen. Sinti und Roma aus dem Deutschen Reich, aus Jugoslawien, Polen und der Tschechoslowakei wurden an diesem Tag im Lager registriert. Dies war der fünfte Transport seit dem Einweisungsbefehl des Reichssicherheitshauptamtes. In rascher Folge trafen in den folgenden Wochen und Monaten weitere Deportationszüge ein. Insgesamt wurden bis zum Herbst 1944 etwa 22 700 Sinti und Roma nach Auschwitz verschleppt.

Niemand von den Ankommenden – auch nicht diejenigen, die bereits die kommunalen Zwangslager im Reich oder in den besetzten Gebieten kannten – konnte sich vorstellen, was ihn in Birkenau erwartete. Der für sie abgezäunte Bereich in Sichtweite zu den Gaskammern hieß in der Verwaltungssprache des Lagers: »BIIe« und wurde ansonsten »Zigeunerfamilienlager« genannt. Das klang zunächst nicht sehr bedrohlich und bedeutete, dass die SS bei der Ankunft der Transporte Kinder und alte Leute nicht sofort ermordete, sondern die Familien zunächst zusammenbleiben konnten.

Über die Gründe dafür, dass mit den Sinti und Roma anfangs anders verfahren wurde als mit den deportierten Juden, gibt es unterschiedliche Erklärungsversuche. Der Historiker Michael Zimmermann macht Meinungsverschiedenheiten und Kompetenzgerangel zwischen den mit der Verfolgung befassten Behörden dafür verantwortlich, während seine Kollegin Karola Fings die Auffassung vertritt, Polizei und SS hätten die Deportierten in ihren Familienverbänden belassen, um möglichst wenig Widerstand zu provozieren und den Schein einer behaupteten »Umsiedlung« zunächst aufrechtzuerhalten.

Aufgrund dieser besonderen Umstände blieben die Mitglieder der Familie Blum zusammen in einer der Baracken. Es fehlten nur Aloys Blum, der erst später aus dem Stammlager zu ihnen kommen sollte, und Hugo, der erst im August eingeliefert werden würde. Jede Familie habe »eine Butze, etwa so breit wie ein Ehebett« zugewiesen bekommen, erinnerte sich Dora Blum später. Sie meinte damit eine Abteilung auf den in drei Stockwerken übereinander gebauten Bettgestellen. Ist es vorstellbar, dass Toni sich mit fünf Töchtern und drei Söhnen in eine solche »Butze« zwängen musste? Wenn

Therese und Julius Geissler zusammen mit dem kleinen Johann als eigene Familie galten, konnten sich die zwölf Personen – unter ihnen zwei Kleinkinder – immerhin auf zwei Pritschen verteilen. Unvorstellbar bleibt es trotzdem. Nach Auskunft von Ella Braun war Thereses Ehemann Julius kein Sinto: »Dieser Mann ging mit meiner Tante Therese wegen ihrem Kind und weil sie sich nicht trennen wollten.«

In den ersten Monaten wurden beinahe täglich Kinder im »Zigeunerfamilienlager« geboren und als Häftlinge registriert, bevor sie kurz darauf starben. Der achtzehn Monate alte Johann Geissler starb im Mai 1943, nur sechs Wochen nach seiner Ankunft im Lager, an Typhus.

Die Häftlinge des »Zigeunerfamilienlagers« mussten zunächst das Lager aufbauen, die Baracken herrichten, die Wege befestigen, Küchen und Latrinen instand setzen. Kinder ab dem Alter von zehn Jahren schleppten Steine für die Lagerstraße. Vermutlich musste auch der fünfzehnjährige Willy, ebenso wie seine erwachsenen Geschwister, in einer Häftlingskolonne schwere Arbeit leisten. Sein Name steht nicht im Verzeichnis der Maurerschule, die im Herbst 1942 im Hauptlager Auschwitz gegründet worden war. Diese Ausbildung bedeutete für jugendliche Häftlinge, vor allem unter den Juden sowie Sinti und Roma, eine größere Überlebenschance, denn Bauarbeiter wurden im Lager ständig gebraucht. In der überlieferten Liste der Maurerlehrlinge fand ich stattdessen den Namen des zwei Jahre älteren Walter Bamberger, dessen Geschichte mit der Willy Blums insofern verknüpft ist, als er sich im September 1944 ebenfalls dafür entscheiden sollte, seinen jüngeren Bruder nach Auschwitz zurück und in den Tod zu begleiten.

BIIe – das »Zigeunerfamilienlager« war ein Ort voller schrecklicher Widersprüche: Manche der Überlebenden berichten, dass sie ihre Zivilkleidung und persönliche Gegenstände behalten durften und dass ihnen die Haare nicht geschoren worden seien. Anderen wurde bei der Einlieferung alles weggenommen. Vor allem zur Erbauung der SS gab es ein Häftlingsorchester und eine Fußballmannschaft. Es gab sogar einen »Kindergarten«. Dorthin brachte der berüchtigte Lagerarzt Josef Mengele die Kinder, die er für medizinische Experimente vorgesehen hatte. Aber vor allem herrschten im Lager katastrophale Zustände, die Menschen starben massenhaft an Hunger und Seuchen.

Die Überlebensstrategien der Häftlinge gründeten vor allem auf dem engen Zusammenhalt innerhalb der Familienverbände. Unter den Bedingungen des Lagers, wo es an allem Lebenswichtigen mangelte und wo ein perfides Funktionssystem die Häftlinge gegeneinander ausspielte, waren Solidarität und gegenseitige Hilfe – wenn überhaupt – nur in kleinen Gruppen möglich. Das Überleben hing unter anderem davon ab, ob jemand als Stubenältester oder Blockältester Erleichterungen für die eigenen Leute erreichen konnte, dafür aber im Sinne der SS funktionieren musste. Überleben hing von der Möglichkeit ab, Wertgegenstände aus der Effektenkammer gegen Essen oder Medikamente zu tauschen oder die zumeist korrupten SS-Männer zu bestechen. »Man brauchte im Lager einen Versorger und Beschützer«, schreibt Heiko Haumann in seinem Buch über die Sintiza Zilli Reichmann. Zum »Beschützer« der Familie Blum wurde der polnische Häftling Julian Zbigniew Rybka, von dem noch die Rede sein wird.

Ella Braun, deren Eltern beide in mehreren Konzentrationslagern inhaftiert waren, erfuhr von ihnen erst sehr spät etwas über das Leben in Auschwitz: Erinnerungsbruchstücke, von denen sie und ihre Brüder emotional geprägt wurden. Ihr Großvater und ihr Vater seien beide von Beruf Kammerjäger gewesen und hätten diese Tätigkeit auch in Auschwitz-Birkenau ausgeübt. Das Gift, mit dem sie dort hantierten, habe die Lunge ihres Vaters zerstört. Der Großvater väterlicherseits Schopper habe in den Eimern, in denen er Köder für die Ratten transportierte, auch Essen für seine Kinder ins »Zigeunerlager« schmuggeln können.

Aloys Blum, ihr anderer Großvater, sei für kurze Zeit Blockältester in Block 5 gewesen. Weil er es nicht fertiggebracht hätte, seine Mithäftlinge zu schlagen, wenn sie die geforderte Ordnung nicht einhielten, sei er selbst mit fünfzehn Stockhieben bestraft worden und habe daraufhin seine Funktion niedergelegt. Aloys sei »ein wunderbarer Klavierspieler« gewesen, sagt Ella, er habe in der Häftlingskapelle Musik gemacht, während ihre Mutter Elli in der Küche der Krankenbaracke gearbeitet hätte. »... man hat ja auch in der Küche ›organisiert«, erinnert sich Elli Schopper im Interview, »ich war die Schlimmste, die geklaut hat, ich! Schnell. Ich hatte immer Hunger.« Später wechselte sie als Hilfspflegerin in den Krankenbau und fand auch dort Möglichkeiten, ihre Familie ein wenig zu unterstützen.

Ella Braun erzählt, ihre Mutter habe einmal ihren kleinen Bruder Rudi vor der Baracke sitzen sehen: »schmutzig, mager, verhungert, nicht gewaschen ... es gab ja kein Wasser in Auschwitz, das kann man sich gar nicht vorstellen. Es gab kein Wasser. Und dadurch, dass meine Mama in der Krankenbaracke war, nahm sie ihn mit und hat ihn gewaschen. Und sie hatte Freundinnen in der Effektenkammer, das waren Zeugen Jehovas, die auch dort inhaftiert waren, die ihr Kleidung für den Kleinen gaben ...«

Elli Schopper kümmerte sich um die Kinder, die an der schrecklichen Noma-Seuche litten, die Löcher in die Wangen fraß. Noma, auch Wasserkrebs genannt, war eigentlich eine sehr seltene Krankheit, die sich aber als Folge des katastrophalen Mangels unter den Kindern im »Zigeunerlager« rasend schnell ausbreitete. Elli sagte im Interview, sie habe die Kinder gewaschen, ihnen frische Decken gegeben und ihnen die dünne Suppe eingeflößt. Die Kinder hätten ständig nach ihr geschrien. Sie sei bald am Ende ihrer Kräfte gewesen. Eines Tages habe ihre Schwester Anna vor der Tür gestanden und ihren

1. Der Kunstfigurentheaterbesitzer Adolph Richter mit der Harfe, die ihm die Gräfin Putbus geschenkt hat. Vermutlich Ende der 1920er/ Anfang der 1930er Jahre.

A.

Nr. 20

Rübeland am 13. Juli 1928

Vor dem unterzeichneten Standesbeamten erschien heute, der Persönlichkeit nach _____ durch Erkundigung ___ er kannt, der Marionettentheaterbesitzer Aloysius Blum

wohnhaft in Wolfenbüttel _____ und zeigte an, daß von der Toni Blum geborenen Richter, seiner Ehefrau

wohnhaft bei ihm

zu Rübeland, in einer Baracke des Müllers Karl Jassel am vorigen ten Juli des Jahres tausend neunhundert achtundzwanzig vor mittags um drei Uhr ein Knabe geboren worden sei und daß das Kind den Vornamen Willy erhalten habe.

Vorgelesen, genehmigt und unterschrieben
Alwis Blum

Der Standesbeamte.
Güne

H = 24. Beschluß des Amtsgerichts Hannover vom dem 3. Dezember 1945 für tot erklärt, da verschollen.

2. Die Geburtsurkunde von Willy Blum

3. Das Gasthaus zu den vier Linden in Rübeland in den 1930er Jahren. Dort präsentierte das Marionettentheater Blum im Juni/Juli 1928 seine Vorstellungen. Hinter dem Haus floss der Mühlbach und auf der anderen Seite des Baches standen die Jacobi-Mühle sowie die Baracke, in der Willy Blum geboren wurde.

4. Die Marionettenspielerfamilien Blum und Hänel im Frühjahr 1930 vor ihrem Wohnwagen.

5. Die Kasperfigur aus dem Nachlass der Marionettenspielerfamilie Richter, die im Depot des Theaterfigurenmuseums Lübeck aufbewahrt wird.

6. Eine Postkarte aus dem Jahr 1889 zeigt das Haus am Laubegaster Ufer 22, das Winterquartier der Familie Blum zwischen 1934 und 1938.

7. Das Haus am Laubegaster Ufer ist heute das Stadtteilkulturzentrum »Volkshaus Laubegast«.

Hoyerswerda O.-L. Stadtschulen

8. Die Knabenschule in Hoyerswerda um 1920. Willy und Rudolf Blum besuchten bis zu ihrer Deportation im März 1943 diese Schule.

Hoyerswerda, Schloßeingang

9. Das Stadtschloss von Hoyerswerda um 1930, dort befanden sich damals Gefängnis und Amtsgericht.

10. Hugo Blum als Soldat der Wehrmacht, um 1940.

11. Willy (der Ältere) Richter, als Soldat der Wehrmacht um 1940

12. Der Bahnhof von Hoyerswerda um 1935. Von dort aus wurde die Familie Blum im März 1943 über Breslau nach Auschwitz deportiert.

101	74780	Zelinka, F.		151.	74383	Daniel, F.
102	74807	Brzezinski, A.		152	74392	Daniel, J.
103	74821	Pietruszewski, J.		153	74404	Florian, A.
104	74825	Zenl, B.		154	74405	Klein, A.
105	74830	Pawlowski, A.		155	74406	Klein, W.
106	74832	Ruzicka, ...		156	74409	Malik, F.
107	74833	Balke, E.		157	74414	Kristof, A.
108	74846	Broschinski, R.		158	74417	Daniel, ...
109	74855	Broschinski, L.		159	74419	Richter, G.
110	74880	Habedank, E.		160	74425	Schäffer, ...
111	74882	Dambrowski, O.		161	74442	Habedank, ...
112	74885	Broschinski, P.		162	74448	Hodosch, St
113	74886	Holczek, J.		163	74450	Klein, H.
114	74943	Broschinski, B.		164	74518	Sarközy, ...
115	74970	Ruzicka, K.		165	74520	Jatvan, F.
116	74973	Bruschkat, K.		166	74522	Lutz, ...
117	74996	Hodis, V.		167	74525	Weiss, A.
118	74999	Laubinger, G.		168	74528	Meyer, A.
119	41700	Matz, R.		169	74529	Laubinger, ...
120	74101	Böhmer, A.		170	74560	Laubinger, ...
121	74103	Krems, M.		171	74565	Reinhardt, ...
122	74107	Rose, H.		172	74578	Kreits, A.
123	74108	Rose, L.		173	74601	Winterstein, ...
124	74109	Fastl, W.		174	74611	Herzberg, ...
125	74110	Scheffczaky, ...		175	74612	Friedrich, ...
126		Krause, ...		176	74614	Braun, P.
127		Krause, E.		177	74620	Adam, J.
128		Krause, ...		178	74621	Klein, G.
129	74119	Pohl, J.		179	74622	Winter, ...
130		Finsterbug, ...		180	74623	Weiss, W.
131		Zienlik, ...		181	74624	Istvan, E.
132	74150	Schwarz, ...		182	74626	Istvan, ...
133	74164	Steinhuer, G.		74628		Holczek, ...
134	74166	Weiss, E.		184	74629	Gabriel, ...
135	74168	Rose, L.		185	74645	Hodosch, ...
136	74177	Reinhardt, ...		186	74646	Littche, G.
137		Georges, ...		187	74653	Keita, ...
138	74177	Daniel, ...		188	74660	Bezynek, ...
139	74191	Freiwald, ...		189	74665	Weiss, H.
140	74192	Böhmer, ...		190	74670	Rosenberg, ...
141	74197	Rose, A.		191	74672	Berger, ...
142	74204	Kurely, K.		192	74679	Gross, J.
143	74206	Schubert, R.		193	74703	Ernst, J.
144	74207	Reinhardt, H.		194	74711	Markosi, ...
145	74230	Knöpfel, F.		195	74713	Petermann, ...
146	74232	Diesenberg, E.		196	74734	Franz, E.
147	74235	Kokolopen, M.		197	74735	Franz, ...
148	74270	Schneeberger, B.		198	74736	Petermann, ...
149	74279	Weiss, E.		199	74739	Grünberg, ...
150	74286	Knöpfel, A.		200	87909	Zweig, St.

13. Blatt 2 der Transportliste der 200 Kinder und Jugendlichen von Buchenwald nach Auschwitz vom 25. September 1944. Die Nummer 200 – Zweig. St. – ist durchgestrichen.

K.L.Buchenwald   Weimar-Buchenwald,den 23.9.44
"Lagerarzt"

Betrifft: Transport-Reserve C.   43

Folgende Häftlinge wurden heute ärztlich untersucht und für arbeits-
und Transportfähig befunden:

74436/...   30388/...   3...

...960,

NB.z.Zt.liegen im Revier krank: 69232, 69407, 69002,alle Block 51.

Betrifft: Transport jugdl.Zigeuner.

Die Häftlinge 74705/47 Stojka K. u.74706/47 Stojka J.bleiben wegen
frachen im Lager u.gehen nicht auf Transport.
Die Häftlg.41923/47 Bamberger W. und 74254/47 Blum Willy wollen auf
Transport mit ihren Brüdern,wogegen keine Bedenken bestehen.

                                    Der L a g e r a r z t
                                       K.L.Buchenwald

                                    SS.-Sturmbannführer.

14. Dokument des Lagerarztes von Buchenwald vom 23. September
1944. Im letzten Absatz steht der entscheidende Satz, der das Schicksal von Willy Blum und Walter Bamberger besiegelte.

K.L.Buchenwald   25.9.19..
    "Lagerarzt"   46

    Betr.: Transport jugl. Zigeuner

    Nachfolgend aufgeführte Häftlinge wurden heute

    ärtlich untersucht und für arbeits-u.transport-

    fähig befunden:

    41923/47 Bamberger, Walter 14.8.28

    74254/47 Blum, Willy 13.6.28

                        Der L a g e r a r z t
                            K.L.Buchenwald

                        SS-Sturmbannführer

15. Der Buchenwalder SS-Arzt Dr. Bender bescheinigt Willy Blum und Walter Bamberger am 25. September 1944 ihre Transportfähigkeit.

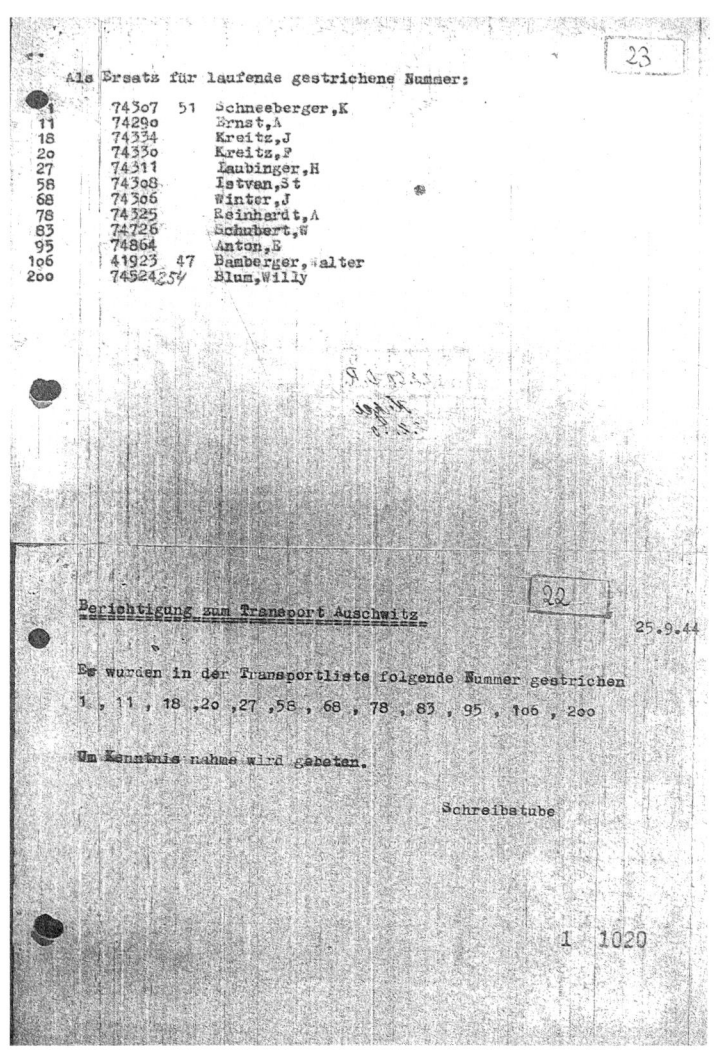

Als Ersatz für laufende gestrichene Nummer:

23

1	7407	51	Schneeberger,K
11	74290		Ernst,A
18	74334		Kreitz,J
20	74330		Kreitz,F
27	74311		Laubinger,H
58	74308		Istvan,St
68	74306		Winter,J
78	74325		Reinhardt,A
83	74726		Schubert,W
95	74864		Anton,E
106	41923	47	Bamberger,Walter
200	74524 254		Blum,Willy

Berichtigung zum Transport Auschwitz

22

25.9.44

Es wurden in der Transportliste folgende Nummer gestrichen

1 , 11 , 18 ,20 ,27 ,58 , 68 , 78 ,83 , 95 , 106 , 200

Um Kenntnisnahme wird gebeten.

Schreibstube

1 1020

16. Das Zusatzblatt für die Transportliste nach Auschwitz. Hinter der Nummer 200 der Name von Willy Blum.

Der Landrat   Hoyerswerda, den _____ 1945

Passierschein.

Der Schausteller Alois Blum und 5 Personen (aus dem Konzentrationslager entlassen
begibt sich von Hoyerswerda nach Berlin um seine Kinder zu suchen
und zurück und ist ~~...~~ ~~...~~ ~~...~~
Hilfe und Unterstützung ist zu gewähren.

Alois Blum и 6 чел. с (Конц. Лагеря вышед.
(свободы) некоторые свои
семей

Направляется
из Гоереудон в. Беррин
и назад. Должно даты свободной пропуск
и ....

17. Passierschein in deutscher und russischer Sprache aus dem Jahr 1945.
Aloys Blum und seiner Familie wurde erlaubt, von Hoyerswerda nach
Berlin zu reisen, um nach dem Verbleib von Willy und Rudolf zu suchen.

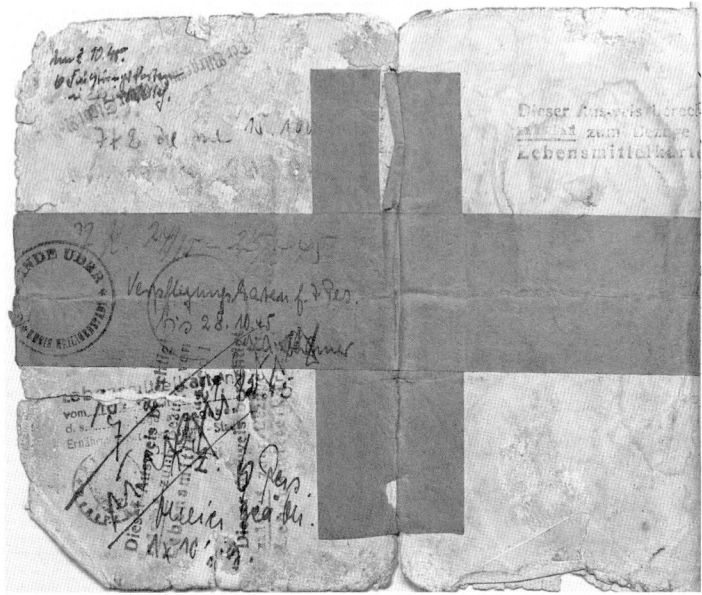

18. Rückseite des Passierscheins in deutscher und russischer Sprache aus dem Jahr 1945.

19. Ausweis der Versorgungsstelle für politische Häftlinge in Regensburg für Toni Blum, 1946

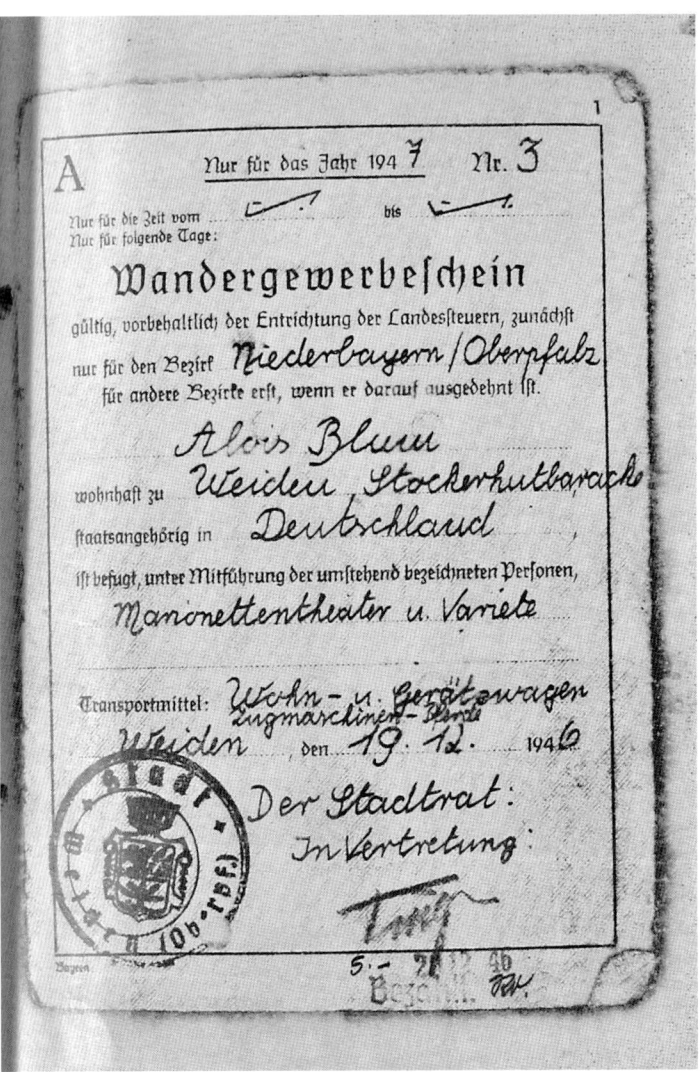

A Nur für das Jahr 194 **7**   Nr. **3**

Nur für die Zeit vom .... bis ....
Nur für folgende Tage:

Wandergewerbeschein

gültig, vorbehaltlich der Entrichtung der Landessteuern, zunächst

nur für den Bezirk *Niederbayern/Oberpfalz*
für andere Bezirke erst, wenn er darauf ausgedehnt ist.

Alois Blum

wohnhaft zu *Weiden Stockerhutbaracke*

staatsangehörig in *Deutschland*

ist befugt, unter Mitführung der umstehend bezeichneten Personen,

Marionettentheater u. Variete

Transportmittel: *Wohn- u. Gerätewagen Zugmaschinen-Pferde*

Weiden den *19. 12.* 194*6*

Der Stadtrat:

In Vertretung:

20. Vorderseite des Wandergewerbescheins für Aloys Blum und seine Familie aus dem Jahr 1946

Beschreibung der Person des Inhabers

Gestalt: mittel   Augen: braun   Haar: schwarz

Alter: 55 Jahre. Besondere Kennzeichen: Keine

Unterschrift: Alois Blum

Zur Mitführung sind folgende Personen zugelassen:

1. Blum Toni   aus

Gestalt: Augen: Haar:

Alter: 53 Jahre. Besondere Kennzeichen:

Unterschrift: Blum Toni

2. Blum Hugo   aus

Gestalt: Augen: Haar:

Alter: 26 Jahre. Besondere Kennzeichen:

Unterschrift: Blum Hugo

3. Blum Therese   aus

Gestalt: Augen: Haar:

Alter: 26 Jahre. Besondere Kennzeichen:

Unterschrift: Blum Therese

21. Rückseite des Wandergewerbescheins

22. Dieses Foto von Aloys Blum wurde vermutlich aus dem Ausweis ausgeschnitten, den ihm 1946 die Versorgungsstelle für politische Häftlinge in Regensburg ausstellte. Es befindet sich in seinen Entschädigungsakten.

23. Toni und Aloys Blum vor ihrem Wohnwagen in Hannover-Misburg, 1960er Jahre.

24. Elli Schopper im Jahr 2016 in Grünstadt während ihres Interviews mit den Mitarbeitern des Dokumentations- und Kulturzentrums Deutscher Sinti und Roma.

kleinen Sohn Rudolf gebracht, der von allen in der Familie »Moppi« genannt wurde. Der hätte auch diese Krankheit gehabt. In seinem Mund sei schon ein großes Loch gewesen. »Ich hab ihn gefüttert, hab ihm Wasser geholt. Hab ein bisschen Milch gegeben.« Sie habe den Moppi ein wenig abseits von den anderen gelegt und ihn versteckt, wenn Mengele kam, der damals der leitende Lagerarzt des »Zigeunerlagers« war. Er interessierte sich für die Noma-Seuche, und Elli wusste, dass er die kranken Kinder für seine Experimente missbrauchte.

Ohnmächtig musste sie es schließlich geschehen lassen, dass ihr kleiner Neffe doch aus der Baracke geholt wurde. »Da hab ich den Doktor, den polnischen Doktor, gefragt, Herr Doktor Szymanski, warum kommt denn mein Neffe nicht mehr wieder, vom Stammlager? (...) Er sagt, Elli, sei ruhig. Frag mich nicht. Der kommt nicht mehr. Den hat der Mengele. Da hab ich gewusst, was er mit ihm gemacht hat: umgebracht und dann studiert. (...) der hat ihn genommen zum Studieren.« In der Sterbeurkunde des Standesamtes Auschwitz steht, dass Rudolf Blum, geboren am 26. Januar 1940 in Berlin, am 23. Mai 1943 gestorben ist. Todesursache: »Influenza bei Wasserkrebs«.

Josef Mengele und eine Reihe weiterer SS-Ärzte betrachteten das »Zigeunerfamilienlager« ebenso wie das benachbarte Lager für die jüdischen Häftlinge als ein großes Versuchsfeld, in dem sie unbekümmert um Leiden und Sterben der Menschen ihre »Forschungen« betreiben konnten. In den Akten des Hygiene-Instituts der Waffen-SS von Auschwitz gibt es Hinweise darauf, dass mindestens vier der Geschwister von Willy Blum von medizinischen Versuchen betroffen waren. Ihnen wurden größere Mengen Blut abgenommen, auch die Übersendung von Urinproben und Röntgenaufnahmen sind dokumentiert. Das Institut, das eng mit der Wehrmacht und mit Arzneimittelfirmen kooperierte, war der Auftraggeber für zahlreiche Versuche an den Häftlingen.

Experimentiert wurde unter anderem mit neuartigen Impfstoffen und Analyseverfahren. Liesel Blum zum Beispiel war Teil einer Gruppe von Sintize, die im Oktober/November 1943 dreimal im Abstand von jeweils zwei Wochen auf Diphteriebakterien untersucht wurden. Eine so engmaschige Betreuung unter den Bedingungen von Auschwitz konnte schwerlich der Sorge um ihre Gesundheit gelten. Mit dem Blut der Häftlinge erprobten die SS-Ärzte unter anderem vereinfachte Tests zur Blutgruppenbestimmung. Sie infizierten ihre ausgewählten Opfer mit Fleckfieber- oder Typhusbakterien, um Diagnosemethoden zu entwickeln. Auf einigen der überlieferten Formblätter steht: »Fleckfiebertrockenblut-Untersuchung Weil-Felix«. Bei den Blutentnahmen konnte es aber auch ganz einfach um Blutkonserven für verwundete Wehrmachtssoldaten gehen.

In ihren Entschädigungsanträgen, die die überlebenden Mitglieder der Familie Blum in den 1950er Jahren stellten, berichteten außer Aloys Blum alle von zahlreichen überstandenen Krankheiten, an deren Folgen sie noch Jahre nach der Befreiung litten: Fleckfieber, Typhus, Diphterie, Malaria. Niemand jedoch erwähnte medizinische Experimente. Gewiss wurden die Betroffenen damals nicht darüber aufgeklärt, warum und welche Injektionen sie bekamen und zu welchem Zweck ihnen Blut abgenommen wurde. Angesicht der Allgegenwart von Seuchen im Lager konnten sie sich vielleicht nicht vorstellen, dass einige von ihnen bewusst mit Krankheiten infiziert worden waren. Und wenn sie es doch geahnt hatten oder später verstanden, so meinten sie wohl, dass sie es nicht beweisen könnten. Schließlich hatten sie schon mehrfach die Erfahrung gemacht, dass die zuständigen Bearbeiter in den Ämtern und auch die Richter kaum bereit waren, den Leidensgeschichten der Betroffenen Glauben zu schenken.

Im April 1944 lebten im »Zigeunerfamilienlager« von den mehr als 22 000 dorthin verschleppten Männern, Frauen und Kindern nur noch etwa 7000. Aufgrund der grauenhaften Zustände waren die meisten von ihnen an Hunger und Entkräftung, an Typhus und Fleckfieber und die Kinder vor allem an der Noma-Seuche gestorben. Sie waren Gewaltexzessen von SS-Leuten zum Opfer gefallen und mehrere Tausend waren in den Gaskammern ermordet worden.

Zu dieser Zeit traf Heinrich Himmler wahrscheinlich die Entscheidung, das »Zigeunerfamilienlager« aufzulösen und seine Insassen umzubringen. Am Abend des 16. Mai 1944 wurde eine Lagersperre angeordnet, das hieß, dass alle in den Baracken bleiben mussten. Die Menschen, die bereits mehr als ein Jahr in Sichtweite der Gaskammern gelebt hatten, wussten, was das zu bedeuten hatte. Einige Blockälteste waren zuvor gewarnt worden und hatten die Warnung weitergegeben. Wer irgendwie konnte, hatte sich mit einem Werkzeug bewaffnet – mit Schippe, Spaten, Hammer, Pickel, Hacke oder Forke.

Otto Rosenberg berichtet in seinen Lebenserinnerungen von dieser Widerstandsaktion: »Die Leute sagten sich: Also gut, wenn die uns hier ausheben wollen, dann werden wir unser Leben so teuer wie möglich verkaufen. Wir geben uns nicht in ihre Hände.« Otto Rosenberg war damals siebzehn Jahre alt und bekam zusammen mit anderen Jungen den Auftrag, sich draußen zu verstecken und auf ein Blinkzeichen hin an die einzelnen Baracken zu klopfen. Bald darauf sei Lagerführer Schwarzhuber mit einem Trupp SS-Leute ins Lager marschiert, habe einige Baracken abgeschritten, sich Meldung erstatten lassen und dabei offenbar gesehen, dass die Menschen sich nicht kampflos hinaustreiben lassen wollten. Rosenberg berichtet von keinerlei Auseinandersetzungen. Nach seinem Eindruck habe Schwarzhuber daraufhin einfach so getan, als ob er lediglich die Blockstärke kontrollieren wolle »und ist dann so sang- und klanglos, wie er gekommen war, wieder abmarschiert mit seinen Truppen. (...) Die Aktion wurde abgeblasen und wir blieben weiter in Auschwitz.«

Eine Woche nach diesem Vorfall wurden etwa 1500 Männer aus dem »Zigeunerlager«, unter ihnen viele ehemalige Wehrmachtsangehörige, ins Hauptlager Auschwitz I verlegt und von dort in andere Konzentrationslager im Reich transportiert. Etwa Mitte Juli erfolgte eine erneute Selektion. Weitere 1500 als »arbeitsfähig« eingestufte Männer und Frauen wurden ebenfalls ins Hauptlager verlegt, wo sie zunächst zwei oder drei Wochen in Quarantäne blieben. Am Mittag des 2. August mussten sie in die Güterwaggons steigen. Der Zug verließ jedoch das Lager nicht auf direktem Weg, sondern fuhr noch einmal nach Birkenau, wo er vor dem »Zigeunerlager« hielt.

Der ehemalige Häftlingsarzt Rudolf Weisskopf schrieb später in seiner Zeugenaussage, dann sei etwas bis dahin nie Dagewesenes geschehen: Die Schiebetüren der Waggons seien geöffnet, der Starkstrom des Lagerzaunes abgeschaltet worden, kein SS-Mann habe sich blicken lassen. »Die zurückgebliebenen Alten, Schwachen und Kinder konnten so stundenlang Abschied nehmen von Söhnen, Töchtern, Vätern und Müttern. Sie durften über, resp. durch den ungeladenen Zaun Flaschen mit Wasser, Stücke Brot und andere Liebesgaben ihren Leuten übergeben.« Gegen 19 Uhr wurden die Waggons geschlossen und der Strom wieder eingeschaltet. Der Zug setzte sich in Bewegung. Wie die Auschwitz-Chronistin

Danuta Czech schreibt, befanden sich in den Waggons »918 Männer, darunter 105 Jungen im Alter von neun bis 14 Jahren, und 490 Frauen«. Dem tapferen Widerstandsversuch vom Mai war die Spitze abgebrochen. Noch am Abend des 2. August wurden die im Lager verbliebenen Frauen und Kinder, alte und kranke Menschen mit Lastwagen zu den Gaskammern geschafft und dort ermordet.

Es ist anzunehmen, dass der neunjährige Junge, den Danuta Czech in ihrer Chronik als jüngstes Mitglied der Männergruppe erwähnt, Rudolf Blum war. In dem Zug in Richtung Deutschland fuhr er zusammen mit seinen Eltern und Geschwistern. Außerdem dabei waren Aloys' Bruder Karl, dessen Frau Alma, ihrer beider Söhne Siegfried und Alfred, ebenso Siegfrieds Frau Elfriede. Die Familienmitglieder waren jedoch nicht mehr zusammen. Sie befanden sich in unterschiedlichen Waggons, getrennt nach den Bestimmungsorten Buchenwald und Ravensbrück. Ella Braun erzählt, ihre Mutter habe ihr erzählt, vor der Abfahrt des Zuges habe es noch einmal eine Art Selektion gegeben:

»Dort waren diejenigen, die nach Buchenwald gingen, dort war die andre Hälfte für Ravensbrück, so ungefähr, und der kleine Rudi sah seinen Bruder und seinen Vater auf der anderen Seite und rief: Ich will zu meinem Vater, zu meinem Vater, und die Großmutter (d. i. Toni, A. L.) muss das auch nicht so bedacht haben, und sie hat ihn gelassen, und er kam nicht mehr zurück. Und somit waren der Willy und der Kleine, der Rudi, bei meinem Großvater.«

Aloys, Willy, Rudi, Karl, Siegfried und Alfred befanden sich demnach in der Gruppe, die in das KZ Buchenwald gebracht wurde. Toni, Anna, Elisabeth, Elli, Therese und Dora, außerdem Hugo und Willy (der Ältere) sowie Alma und Elfriede waren in einem der Waggons mit dem Ziel Ravensbrück. Thereses Ehemann Julius Geissler war bereits am 15. April 1944 in das KZ Buchenwald überstellt worden. Alfreds Frau Franziska war in Birkenau zurückgeblieben und wurde höchstwahrscheinlich ermordet. Das Schicksal der drei Kinder von Alfred und der beiden Kinder von Siegfried ist unbekannt.

Dass es gelang, den neunjährigen Rudolf und die vierzehnjährige kranke und schwache Dora in die Gruppe der »Arbeitsfähigen« zu schmuggeln, verdankten die Blums ihrem »Beschützer«, dem bereits erwähnten Lagerschreiber Zbigniew Rybka. Elli war mit ihm befreundet, und auch ihr Vater Aloys kannte ihn. Er gab »Bischek Ribka« 1946 in einem Formular der Versorgungsstelle für politische Häftlinge in Regensburg in der Rubrik »Mithäftlinge« an. Rybka hatte dafür gesorgt, dass die beiden Kinder mit auf die Transportliste gesetzt wurden. Niemand kann die Frage beantworten, ob Rudolf hätte überleben können, wenn er bei seiner Mutter geblieben und nach Ravensbrück gelangt wäre. Ihre Großmutter habe sich deshalb zeitlebens Vorwürfe gemacht, sagt Ella Braun: »Sie hat es nicht verkraften können, dass sie ihrem Kind gesagt hat: dann geh, weil er ja zu dem Vater wollte und zu dem Bruder. Sie hat es einfach nicht verkraftet.«

Buchenwald

Am 3. August 1944 kam der Transport aus Auschwitz am Bahnhof in Buchenwald an. Gemeinsam mit den anderen mussten Aloys Blum und seine Söhne die Aufnahmeprozedur durchlaufen – Duschen, Einkleiden, Registrieren – und wurden anschließend in das »Kleine Lager« gepfercht. Anders als Auschwitz-Birkenau war Buchenwald kein Vernichtungslager. Im Hauptlager herrschten allgemein günstigere Bedingungen als in anderen KZ, weil wichtige Funktionen der sogenannten Häftlingsselbstverwaltung in den Händen der Politischen lagen, denen es gelungen war, die alltägliche Willkür der SS etwas zurückzudrängen.

Doch infolge des unaufhörlichen Zustroms von Häftlingstransporten aus den Lagern im Osten, die vor dem Vormarsch der Roten Armee evakuiert worden waren, waren die Baracken mehrfach überbelegt, Chaos breitete sich aus. Das »Kleine Lager«, eine mit Stacheldraht abgetrennte Zone am Nordrand des Häftlingslagers, zunächst als Durchgangs- und Quarantänestation für die Neuzugänge genutzt, wurde zum Abschiebe- und

Sterbelager für die Kranken und Verhungerten, in der Mehrzahl jüdische Häftlinge, die für eine Arbeit in der Rüstungsindustrie nicht verwendbar waren und weitgehend sich selbst überlassen blieben. In den letzten Monaten vor der Befreiung war das »Kleine Lager« ein Stück »Auschwitz« in Buchenwald.

Am 7. August 1944, nur vier Tage nach ihrer Ankunft in Buchenwald, wurde Aloys von seinen Söhnen getrennt. Zusammen mit den anderen aus Birkenau gekommenen Sinti wurden er, sein Bruder Karl und dessen Söhne weiter nach Mittelbau-Dora im Harz geschickt. Mittelbau-Dora galt als eines der gefürchtetsten Kommandos. In den unterirdischen Stollen produzierten die Häftlinge unter mörderischen Bedingungen die V2-Raketen, in anderen Lagerabschnitten errichteten sie Werkhallen für weitere ausgelagerte Rüstungsbetriebe. Seit August befanden sich dort insgesamt etwa 1500 Sinti und Roma, die ihre einzige Überlebenschance im engen Zusammenhalt sahen. Wie Thomas Rahe und Jens-Christian Wagner schreiben, hätten sie sich »in Gruppen buchstäblich durch(gekämpft)«.

Willy und sein kleiner Bruder Rudolf blieben allein im »Kleinen Lager« zurück. Nach einigen Wochen wurden sie ins Hauptlager überwiesen. Von ihrem Aufenthalt dort zeugen nur noch die in der Lagerregistratur vermerkten Nummern der Blöcke: zunächst Nummer 58, dann Nummer 47. In diesem Block befanden sich auch die meisten anderen Kinder und Jugendlichen aus dem

»Zigeunerfamilienlager«, die mit ihnen Anfang August aus Auschwitz nach Buchenwald gekommen waren. Alle waren sie allein, ohne erwachsene Beschützer. Ihre Väter und Onkel waren entweder bereits in Auschwitz umgekommen oder nach Mittelbau Dora weitergeschickt worden. Wahrscheinlich war Rudolf der Jüngste von ihnen, die anderen waren zwischen elf und achtzehn Jahre alt. In den Häftlingsakten einiger der älteren Kinder, wobei »älter« hier fünfzehn oder sechzehn Jahre bedeutet, ist das Arbeitskommando »Steinbruch« angegeben.

Willy aber hatte Glück. Elli Schopper erfuhr nach dem Kriegsende in Bremen von einem Sinto, der mit den Blum-Brüdern in der gleichen Baracke gelebt hatte, dass Willy sich um den Bären im Zoo habe kümmern müssen. Im Konzentrationslager Buchenwald gab es für die SS-Leute und ihre Familien tatsächlich einen kleinen Zoo mit einem Bärengehege. Durch den Stacheldrahtzaun hindurch konnten die Häftlinge ihn sehen. Willy hätte dem Bären jeden Tag »einen Eimer Honig« bringen müssen, sagt Elli Schopper. Es ist anzunehmen, dass der Honigeimer nicht Willys einzige Arbeit war, und vermutlich bekam das Tier auch noch anderes Futter. Aber, wenn die Geschichte stimmte und nicht nur als kleiner Trost für die trauernde Schwester erzählt worden war, kann sie als ein Sinnbild für die Absurditäten und Abgründe im deutschen KZ gelten: Der halbverhungerte Junge, der dem vollgefressenen Bären einen Eimer voller Honig verabreichen muss. Und vielleicht steckt hinter diesem Bild noch ein anderes, auf dem zu sehen wäre, wie es Willy-Masengro gelang, etwas davon abzuzweigen für sich und den kleinen Rudolf, der allein in der Baracke zurückgeblieben war.

Es gab im KZ Buchenwald den »Kinderblock« in der Baracke 8, der auf Betreiben kommunistischer Häftlinge eingerichtet worden war, und der etwa 150 polnischen, ukrainischen, jüdischen sowie Sinti- und Roma-Kindern und Jugendlichen ein wenig Schutz und bessere Überlebensmöglichkeiten bot. Dorthin gelangten Rudolf und Willy und die anderen Kinder aus Block 47 nicht. In den letzten Monaten des Krieges unter dem Druck der herannahenden Front verhielt sich die SS-Führung in Buchenwald widersprüchlich: Einerseits duldete sie die Aktivitäten einiger Funktionshäftlinge zum Schutz von Kindern, und gleichzeitig war sie bestrebt, wenigstens einen Teil der über tausend im Lager befindlichen Minderjährigen loszuwerden, indem sie sie in den Tod schickte. Als am 23. September 1944 in der Schreibstube ein Transport von 200 Kindern und Jugendlichen – die meisten von ihnen aus Block 47 – nach Auschwitz zusammengestellt wurde, stand der Name von Rudolf Blum auf der Liste.

Der Sinto aus Bremen, der Elli vom Bären und dem Honig berichtet hatte, war auch Zeuge, als die Namen auf der Liste aufgerufen wurden und die Aufgerufenen vortreten mussten. Er erzählte Willys Schwester Elli, was sich abgespielt hatte, die gab es an ihre Eltern, Geschwister und später an ihre Kinder weiter. Der entscheidende Moment, in dem Willy sich entschied, seinen Bruder nicht allein zu lassen, war im Familiengedächtnis der Blums verankert, lange bevor das entsprechende Schreiben des SS-Arztes im Archiv gefunden wurde:

Elli Schopper: »Und der Mann in Bremen hat gesagt: Er (Willy Blum, A. L.) wollte bei uns bleiben, in Buchenwald, da hat er seinen Job gehabt mit dem Honig. Aber der Kleine hat immer nach seinem Bruder gerufen auf der anderen Seite: Komm doch, Masengro, komm doch. Das hat er mir erzählt, der Sinto: Komm doch, wir kommen in ein Heim, da kriegen wir Weißbrot, da kriegen wir Milch, komm doch!« Das habe dem großen Bruder das »Herz gebrochen«, und er sei »rübergelaufen«.

Der Mann habe gesagt, so berichtet Elli, die hätten sich nicht mehr losgelassen. »Der hat seinem Bruder die Hand gehalten und (wollte) nicht mehr rüber und nicht mehr los. Und so kamen die beiden weg. Ja, haben sie gesagt, alle die Jungs: Der ging rüber zu seinem kleinen Bruder, mit ins Gas.«

Im Kalendarium von Auschwitz ist die Ankunft des Zuges mit den 200 Kindern und Jugendlichen am 26. September 1944 vermerkt. Was danach mit ihnen geschah, ist nicht dokumentiert. Offenbar wurden sie nicht sofort oder nicht alle ermordet. Mitarbeiter der Gedenkstätte Buchenwald konnten zwei Überlebende dieses Transports finden: Alfred Rosenbach und Rudolf Böhmer, die damals elf und dreizehn Jahre alt waren. Die Umstände ihres Überlebens sind nicht bekannt.

Bergen-Belsen, Ravensbrück, Sachsenhausen, Graslitz

Am 2. Januar 1945 kam Aloys Blum mit einem Transport aus Mittelbau Dora in Bergen-Belsen an. Karl und seine beiden Söhne folgten am 15. Februar. Das KZ Bergen-Belsen war die letzte Station ihrer Odyssee durch die Konzentrationslager des Dritten Reiches. In das große Kranken- und Sterbelager in Niedersachsen verschleppte die SS am Ende des Krieges noch Zehntausende Häftlinge, um sie dort dem Hungertod zu überlassen. Die Mehrzahl der Sinti- und Roma-Häftlinge, die aus Mittelbau-Dora und dessen Nebenlagern kamen, wurden, abseits des Lagers, in die Wehrmachtskaserne Bergen-Hoehne gebracht. Vermutlich befanden sich auch die Blum-Brüder und -Neffen an diesem Ort.

Als die britische Armee am 15. April nach dem Lager auch die Kaserne befreite, waren dort noch etwa 700 Menschen am Leben. In den folgenden Tagen sei es, so schreiben Thomas Rahe und Jens-Christian Wagner, in der Kaserne zu Gewaltakten und Fällen von Lynchjustiz an ehemaligen Kapos gekommen. Die Mehrzahl der dortigen Häftlinge, vor allem deutsche Sinti, seien daraufhin noch vor der offiziellen Entlassung aus dem Lager geflohen. Unter ihnen waren auch Karl, Siegfried und Alfred Blum, die später als Datum ihrer Flucht den 25. April angaben – zehn Tage nach der Befreiung des Lagers. Aloys Blum seinerseits erklärte, er habe sich am 29. April »selbst entlassen«.

Vielleicht konnten sich Karl oder Aloys oder alle beide nicht mehr an das genaue Datum erinnern, als sie zu unterschiedlichen Zeiten (1949 bzw. 1952) und vor jeweils anderen Behörden über diese Geschehnisse Auskunft gaben. Es ist eher anzunehmen, dass sie gemeinsam das Lager verließen, weil sie sich in Sicherheit bringen wollten vor den neuen Unsicherheiten und Gefahren, die ihnen aus der neuen Situation erwuchsen.

Toni Blum und ihre Töchter Dora und Elli wurden am 30. April 1945 in der Nähe des mecklenburgischen Städtchen Lübz von der Roten Armee befreit. Hinter ihnen lagen auszehrende Fußmärsche und ein wochenlanges Hin und Her. Im Februar oder März waren die drei Frauen zusammen mit anderen Häftlingen vom Hauptlager Ravensbrück nach Rechlin-Retzow geschickt worden. Das an der Müritz gelegene Nebenlager diente im Chaos der letzten Kriegswochen, ähnlich wie Bergen-Belsen und das »Kleine Lager« in Buchenwald, als Abschiebeort für kranke und entkräftete Häftlingsfrauen.

Dora berichtete später, ihre Mutter und ihre Schwester hätten auf dem Feld in Kartoffelmieten gearbeitet. Das rettete sie wohl vor dem Verhungern. Sie selbst sei zu schwach zum Arbeiten gewesen. Von Rechlin, so Dora Blum weiter, sei es wieder zurück nach Ravensbrück gegangen. Schließlich wurden sie von dort aus – das könnte am 27. oder 28. April 1945 gewesen sein – in Richtung Nordwest getrieben. Die einzelnen Wegstrecken des Ravensbrücker Evakuierungsmarsches, der später wegen der vielen Todesopfer »Todesmarsch« genannt wurde, sind mittlerweile ziemlich genau erforscht. Toni, Elli und Dora befanden sich vermutlich in einer der Kolonnen, die sich über Mirow und Röbel nach Malchow schleppten. Dora erinnert sich an eine Übernachtung in diesem Nebenlager. Am folgenden Tag, wohl am 30. April, bog ihre Kolonne in Richtung Plau und Lübz ab und geriet dort zwischen die Linien der vorrückenden sowjetischen und der US-Armee. Plötzlich seien die Bewacher verschwunden gewesen. Sie hätten es zuerst gar nicht fassen können, berichtet Dora, und hätten noch immer ganz geduckt im Straßengraben gesessen. Die Russen hätten Nahrungsmittel, auch Zucker, von ihren Wagen heruntergeworfen.

Über die sieben oder acht Monate, die sie zuvor im KZ Ravensbrück zugebracht hatten, sagt Ella Braun, ihre Mutter habe erzählt, die Verhältnisse dort seien »noch krasser« gewesen als in Auschwitz. Es habe weder Essen noch Trinken gegeben, einfach gar nichts. »Sie hatten den Tod vor Augen.« In Ravensbrück waren die verbliebenen Familienmitglieder ein weiteres Mal getrennt worden: Hugo und der ältere Willy kamen ins Männerlager, Anna, Elisabeth und Therese wurden Ende August in das KZ Graslitz im damaligen Sudetengau geschickt. Übrig blieben Toni, die vierzehnjährige Dora und Elli, die im siebten Monat schwanger war.

Innerhalb der von der SS konstruierten sozialen Hierarchie der Häftlinge befanden sie sich zweifach auf der untersten Stufe: Als »Zigeunerinnen« mit dem schwarzen Winkel und als zuletzt Hinzugekommene in einem völlig überfüllten Lager hatten sie keinerlei Chance auf eine Position, in der sie sich zusätzliche Nahrung oder Zugang zur Krankenstation hätten verschaffen können. Ella Braun erzählt, ihre Mutter habe in der Küche Kartoffelschalen gestohlen, sie sei erwischt und zur Strafe in den Bunker gesperrt worden. Elli brachte am 22. November 1944 ein kleines Mädchen zur Welt. Im Geburtenbuch von Ravensbrück ist vermerkt, dass das Kind den Namen Gisela erhielt und am 26. Januar 1945 starb.

Anna, Elisabeth und Therese wurden Ende April/Anfang Mai 1945 von Truppen der US-Armee befreit. Die SS hatte die Häftlingsfrauen zuvor aus dem KZ Graslitz auf einen Evakuierungsmarsch in Richtung Böhmerwald getrieben, aber weit waren sie nicht mehr gekommen. Graslitz war ein Nebenlager des KZ Flossenbürg, ein Arbeitslager, in dem die Bedingungen hart waren, es gab Misshandlungen, jedoch keine Todesfälle. Dort hatten die drei Schwestern zusammen mit vielen jungen Frauen aus dem »Zigeunerfamilienlager« Auschwitz in einem Betrieb der Siemens-Schuckert-Werke gearbeitet. In Tag- und Nachtschichten mussten sie Navigationsgeräte für Flugzeuge montieren. Die Fabrik war quasi das Lager. Ihre Schlafplätze befanden sich in der Etage über der Werkhalle. Sie hatten das Gebäude niemals verlassen.

Willy (der Ältere) und Hugo Blum wurden im Januar 1945 im KZ Ravensbrück zwangssterilisiert. Der operierende SS-Arzt war Dr. Lucas, der ihnen aus Auschwitz gefolgt war. Am 8. März gelangten die Brüder mit einem Transport nach Sachsenhausen. Dort wurden sie in die SS-Sondereinheit »Dirlewanger« gepresst. Diese Truppe rekrutierte sich seit 1940 aus straffällig gewordenen SS-Männern und KZ-Häftlingen mit dem grünen Winkel der »Kriminellen«. Im besetzten Osteuropa waren ihre Mitglieder unter anderem beim Kampf gegen Partisanen und bei der Niederschlagung des Warschauer Aufstands an zahlreichen Kriegsverbrechen beteiligt gewesen. Im Frühjahr 1945 wurden – als letztes Aufgebot – auch Gefangene mit dem roten Winkel der Politischen und dem schwarzen der »Zigeuner« dort hineingezwungen. Während eines Bombenangriffs auf das KZ Sachsenhausen am 6. April 1945 ergriffen Hugo und Willy die Gelegenheit zur Flucht. Es gelang ihnen, sich bis zum Kriegsende in Bad Oldesloe versteckt zu halten. Viele ihrer Leidensgefährten – 1942 aus der Wehrmacht ausgestoßene Sinti wie sie – verloren in den Endkämpfen um Berlin noch ihr Leben oder kehrten erst Jahre später aus sowjetischer Kriegsgefangenschaft zurück.

In den ersten Maitagen 1945 war der Krieg endlich zu Ende. Auf den Straßen und Wegen des zerstörten und besiegten Landes drängten sich neben den Militärkonvois der Sieger die Zivilisten, die vor der Front geflohen waren und nun nach Hause zurückkehrten. Ihnen begegneten Kolonnen gefangener Wehrmachtsoldaten und Gruppen befreiter Zwangsarbeiter und KZ-Häftlinge, die zurück in ihre Heimatorte, in ihre Heimatländer strebten. Außerdem gab es Zehntausende, die später DPs – displaced persons – genannt wurden, die ihre Heimat, ihre Familie verloren hatten und nicht wussten, wohin sie sich wenden sollten. Inmitten dieser gewaltigen Menschenströme, die zu Fuß, mit Fahrrädern, mit kleinen Bündeln, mit Handwagen oder Ochsenkarren unterwegs waren, die an Wegrändern Feuer entzündeten, verlassene Häuser plünderten, in Scheunen schliefen, bewegten sich die Mitglieder der Familie Blum: Aloys aus Niedersachsen, Anna, Therese und Elisabeth aus den Sudeten, Toni, Elli und Dora aus Mecklenburg. Hugo und Willy aus Holstein. Sie hatten alle ein Ziel – Hoyerswerda. Ella Braun sagt, so hätten sie es einander versprochen: »Wer überlebt, kommt nach Hoyerswerda.«

5. NACH DER BEFREIUNG

Tag und Monat der Ankunft sind nicht bekannt, aber Therese erreichte als Erste Hoyerswerda. Bevor sie sich vom Lager Graslitz aus auf den Heimweg gemacht habe, so erklärte sie später, sei sie einige Zeit in einem Privatquartier gepflegt worden. Es kam in jenen Tagen und Wochen unmittelbar nach Kriegsende häufig vor, dass die Befreier – in diesem Fall die Amerikaner – kranke und entkräftete Häftlinge in Privatwohnungen einquartierten und die Bewohner anwiesen, für sie zu sorgen. Die etwa 240 Kilometer zwischen Graslitz und Hoyerswerda will Therese in wenigen Tagen zurückgelegt haben, das deutet darauf hin, dass sie von Militärfahrzeugen mitgenommen wurde. Auf ihrem Weg wird sie nicht nur einmal von der amerikanischen zur sowjetischen Zone gewechselt sein. In einigen der Territorien, die sie durchquerte, löste nämlich in dieser Zeit die sowjetische Besatzungsmacht die amerikanische ab. Unter anderem geschah das im Westerzgebirge und dem Gebiet um Leipzig. Die Siegermächte zogen sich auf die Positionen zurück, die sie im Abkommen von Jalta vereinbart hatten. Hoyerswerda jedoch, die Stadt, die entsprechend der Nachkriegsordnung nun dicht an der neuen Grenze zu Polen lag, gehörte von Beginn an zur sowjetischen Besatzungszone.

Einige Zeit nach Therese traf ihr Vater Aloys in Hoyerswerda ein, wiederum einige Tage später – so jedenfalls hatte sie es in Erinnerung – kamen Anna und Elisabeth, von denen sie noch in Graslitz irgendwie getrennt worden war.

Toni, Elli und Dora erreichten Hoyerswerda erst im Sommer. Unmittelbar nach ihrer Befreiung auf der Straße nach Lübz hätten sie sich erst einmal eine Scheune zum Schlafen gesucht, erinnerte sich Dora. Für einige Tage, so erzählte Elli später in einer eidesstattlichen Erklärung, wären sie dann in Lübz geblieben. Vermutlich kamen die erschöpften Frauen in einem Barackenlager am Neuen Teich unter, das als KZ-Außenlager errichtet worden war und im Mai 1945 als Lazarett genutzt wurde. Die kleine Stadt diente in jenen Tagen als eine Art Auffangstelle für die auf dem Todesmarsch befreiten Häftlinge, die schwach und krank waren und erst einmal nicht wussten, wohin. Lübz war Anfang Mai von den Amerikanern besetzt worden. Esther Bejarano, eine junge Jüdin, die ebenso wie Toni, Elli und Dora den Leidensweg von Auschwitz über Ravensbrück hinter sich hatte, berichtet in ihren Erinnerungen von einer spontanen Siegesfeier der amerikanischen und sowjetischen Truppen auf dem Marktplatz, an der sie und andere befreite Häftlinge teilnahmen, während die Bewohner der Stadt sich nicht aus ihren Häusern wagten.

Ehe Toni und ihre beiden Töchter sich zu Fuß auf den Heimweg machten, stellte ihnen die amerikanische Militärverwaltung vermutlich Papiere aus, damit sie unterwegs Hilfe und vor allem Lebensmittel bekommen konnten. Ihr Weg habe, so berichtete Dora, über Cottbus, Guben, Spremberg, Senftenberg und Frankfurt/Oder geführt. Ella Braun sagt, ihre Mutter habe ihr erzählt, sie hätten auf einem Bauernhof einen Handwagen gefunden, in den sie die völlig geschwächte fieberkranke Dora setzen konnten. Unterwegs hätten sie manchmal gedacht, das Mädchen würde nicht durchkommen. Aber Elli sammelte für sie Kamille und pflegte sie.

Erst im November 1945 stieß Hugo zu ihnen. Er war auf einigen Umwegen nach Hoyerswerda gelangt. Unter anderem wurde er im August in Hamburg auf einer Liste des »Komitees ehemaliger politischer Gefangener« registriert. Wer sich bei einer dieser in den unmittelbaren Nachkriegsmonaten meist spontan entstandenen Selbsthilfeorganisationen der befreiten Häftlinge meldete, konnte einen Ausweis und Lebensmittelkarten bekommen sowie die Genehmigung, die Zonengrenzen zu überschreiten. Auf der Liste des Hamburger Häftlingskomitees steht hinter Hugo Blums Namen in der Rubrik »Heimatort« ein Fragezeichen. Er war wohl nicht sicher, seine Familie in Hoyerswerda wiederzufinden. Als Heimatort wollte er die Stadt, in der sie »festgeschrieben« worden waren und aus der er geflohen war, vermutlich nicht bezeichnen.

Wann Willy Richter in Hoyerswerda eintraf, ist nicht bekannt. Aber Ella Braun, die es von ihrer Mutter weiß, versichert mir, auch er sei dabei gewesen, als die Familie sich nach und nach wieder zusammenfand. Ebenso sei Ella, die einzige Blum-Tochter, die die NS-Zeit versteckt überlebt hatte, zu dem Treffen gekommen. »Wer aber nicht kam«, sagt Ella Braun, »das waren der Willy und der Rudi.« Niemand habe etwas über ihr Schicksal gewusst. Die Begegnung zwischen Elli Schopper und dem Bremer Sinto, der ihr von dem Transport nach Auschwitz berichtete, sollte erst ein Jahr später stattfinden. Ihr Großvater sei mit ihrer Mutter nach Berlin gefahren, sagt Ella, »um rauszubekommen, wo die beiden abgeblieben sind. Sie haben nichts in Erfahrung bringen können. Es muss eine längere Zeit vergangen sein, bis es dann feststand, dass beide nicht mehr lebten.«

Von dieser Berlin-Reise, die im September/Oktober 1945 stattgefunden haben muss, zeugt in den Entschädigungsakten von Aloys Blum ein zerknittertes, an den Bruchstellen zerrissenes und wieder zusammengeklebtes Stück Papier: ein Passierschein in deutscher und russischer Sprache, ausgestellt vom neu eingesetzten Landrat des Kreises Hoyerswerda, Hans Werner. Tag und Monat der Ausstellung sind nicht angegeben, nur das Jahr 1945: »Der Schausteller Alois Blum und 6 Personen (aus dem Konzentrationslager entlassen) begibt sich von Hoyerswerda nach Berlin und zurück, um seine Kinder zu suchen, und ist ungehindert passieren zu lassen. Hilfe und Unterstützung ist zu gewähren.« Das Ganze noch einmal handschriftlich in Russisch und mit dem alten Amtsstempel beglaubigt, der der neuen Zeit angepasst worden war, indem man dem Reichsadler die Klauen, in denen er das Hakenkreuz hält, abgeschnitten hatte. Auf der Rückseite ist vermerkt: »Dieser Ausweis berechtigt zum Bezug von Lebensmittelkarten.« Darunter ist die Ausgabe von Lebensmittelkarten »für 7 Personen« für die Zeit bis zum 24. Oktober 1945 vermerkt.

In der Zwischenzeit hatte die Familie von der sowjetischen Kommandantur in Hoyerswerda eine Wohnung zugewiesen bekommen. Die Baracke in der Dresdner Straße, die letzte Adresse von Toni Blum und ihren Kindern vor der Deportation, hatten sie leer vorgefunden. Die Möbel, der Hausrat – alles war weg, und vor allem hatten sie ihre Existenzgrundlage – das Marionettentheater, die Puppen und die Wagen – verloren.

Bis zum September 1945 hatten sich in vielen Städten und Gemeinden in allen vier Besatzungszonen OdF-Ausschüsse (OdF = Opfer des Faschismus) gegründet, die die aus den Lagern und Zuchthäusern zurückgekehrten Häftlinge mit kleinen Geldsummen, mit Wohnung, Kleidung und anderen lebensnotwendigen Dingen unterstützten. Bestimmt hatten auch die Blums Kontakt zu einem örtlichen Ausschuss und kamen dadurch in den Genuss einiger Leistungen. Es ist anzunehmen, dass die erwähnte Reise nach Berlin sie zum dortigen OdF-Hauptausschuss führte, der sehr rasch einen Suchdienst für vermisste Angehörige eingerichtet hatte. Damals hatte dieser Suchdienst noch keinerlei Akten zur Verfügung. Seine Informationen speisten sich fast ausschließlich aus Auskünften ehemaliger Häftlinge und Reaktionen auf Suchanzeigen in einem Nachrichtenblatt. Erst einige Zeit später, als die Familie bereits in der britischen Besatzungszone war, traf Aloys einen ehemaligen Haftkameraden, der ihm über das Schicksal seiner beiden jüngsten Söhne Auskunft geben konnte. Er habe, so erklärte er 1949, »durch den Häftling Ewald Ernst, Bremen-Horn, Friedrich-Mißlerstr, Baracke 108« erfahren, dass Willy und Rudolf »im September 1944 vom KZ-Buchenwald nach KZ.-Auschwitz verbracht wurden und dort vergast worden sind«. War Ewald Ernst der »Bremer Sinto«, mit dem Elli gesprochen hatte, oder erfuhr Aloys aus einer anderen Quelle vom Tod seiner Söhne?

Die freilich sehr begrenzte Hilfe seitens des OdF-Ausschusses entband Aloys Blum und seine Angehörigen nicht von der Notwendigkeit – trotz widriger Umstände und gesundheitlicher Probleme –, für ihren Lebensunterhalt zu sorgen. Eine seiner Töchter, so erinnerte sich der Gastwirt Michling, habe zeitweilig in der sowjetischen Kommandantur gearbeitet. Der bereits erwähnte Landrat Werner stellte Aloys Blum am 30. November 1945 einen Wandergewerbeschein aus, der ihn berechtigte, »im Gebiet des Kreises Hoyerswerda artistische Darbietungen, Musik- und Gesangsvorführungen [zu] veranstalten«. Sie versuchten demnach, zunächst ohne

Marionettentheater, an ihr altes Leben anzuknüpfen und dabei die Fähigkeiten und Talente einzusetzen, die ihnen zur Verfügung standen.

Doch der Versuch scheiterte. Bereits wenige Tage nach Erhalt der Gewerbegenehmigung, »Anfang Dezember«, so gab Aloys Blum im Jahr 1955 in einer eidesstattlichen Erklärung an, sei die Familie »bei Nacht und Nebel« aus der Stadt geflohen. Als Begründung nannte Blum die »Bedrohungen durch die russischen Soldaten«, die »unerträglich« geworden seien: »Meine Ehefrau und ich haben mehrfach Schläge bekommen. Ich bin eingesperrt worden. Die Russen haben in unserer Wohnung mehrfach herumgeschossen. Meine Töchter sind von den Russen mehrfach vergewaltigt worden.« Die Blums waren nicht die einzigen Überlebenden der NS-Verfolgung, die in dieser Zeit das doppelte Gesicht der sowjetischen Befreier erlebten: Unterstützung von Seiten der Verantwortlichen in der Kommandantur und Willkür und Gewalt seitens einzelner Soldaten.

Ihre Flucht führte sie zunächst nach Oelsnitz im Vogtland in ein Quarantänelager des Roten Kreuzes. Das Lager befand sich noch in der sowjetischen Besatzungszone, aber nahe der Grenze zur amerikanischen Besatzungszone. Wenige Tage später gingen sie von dort wieder fort, überschritten die Zonengrenze und gelangten nach Regensburg. Ob und wie schwierig es war, ohne Passierschein auf die andere Seite zu gelangen, davon schreibt Aloys Blum nichts. Es fällt auch auf, dass er bei der Aufzählung der Familienmitglieder nur seine Ehefrau und seine Töchter erwähnt. Offenbar hatten die Söhne Hugo und Willy Hoyerswerda bereits vorher verlassen. In Regensburg erhielt die Familie keine Zuzugsgenehmigung. Trotzdem hätten sie dort, so berichtete Aloys Blum weiter, ein halbes Jahr lang zugebracht. Flüchtlinge waren zu dieser Zeit nirgendwo willkommen, das betraf auch und gerade viele entwurzelte und völlig mittellose aus den Lagern befreite Häftlinge.

Es gelang Aloys und Toni Blum allerdings, sich bei der »Versorgungsstelle für politische KZ-Häftlinge« registrieren zu lassen und als Verfolgte anerkannt zu werden. In den Akten befindet sich eine auf den Namen Toni Blum ausgestellte »Ausweiskarte für Rasseverfolgte« aus dem Jahr 1946. Auch eine Regensburger Wohnadresse ist auf der Karte angegeben: Wöhrdstraße 58, ein Haus in der Innenstadt, nahe dem Donau-Ufer, das heute »Donaupark-Residenz« heißt und teure Eigentumswohnungen beherbergt. Damals, 1946, war es vermutlich eine Gemeinschaftsunterkunft.

Nach diesem halben Jahr gingen die Blums von Regensburg nach Weiden in der Oberpfalz, wo sie Aloys' Bruder Karl zu finden hofften, der vor seiner Flucht nach Südeuropa dort gelebt hatte und nach seiner Befreiung dorthin zurückgekehrt war. Ihre auf dem Gewerbeschein vermerkte Weidener Adresse, die »Stockerhutbaracke«, verweist auf das ehemalige Kriegsgefangenenlager Stalag XIIIb, in das nach Kriegsende Flüchtlinge zogen. Nach Angaben von Gustav Richter, eines Schwiegersohns von Karl Blum, besaßen Aloys und Toni in dieser Zeit jedoch bereits wieder einen Wohnwagen, den sie auf Karls Grundstück in Weiden, Prößlerstraße 16, aufgestellt hatten.

Im Hochsommer 1946, so fährt Aloys Blum in seinem Bericht fort, hätten sie sich dann in den Hildesheimer Bezirk begeben. Hildesheim, im Land Niedersachsen, gehörte damals zur britischen Besatzungszone. Ganz offensichtlich stand der erneute Orts- und Zonenwechsel im Zusammenhang mit der Chance, wieder Marionettentheater spielen zu können. In den Akten befindet sich die Abschrift eines Wandergewerbescheins für Aloys Blum und seine Familie für das Jahr 1947. Er wurde noch an ihrem vorherigen Wohnort vom Weidener Stadtrat ausgestellt und im Verlauf des Jahres 1947 auf den Bezirk Hildesheim sowie auf den Kreis Osterode und später auf den Kreis Göttingen erweitert. Zur »Mitführung zugelassen« waren auf dem Schein Ehefrau Toni, die Töchter Therese, Elisabeth, Elli und Dora sowie der Sohn Hugo. Die Genehmigung bezog sich auf »Marionettentheater und Varieté«, und sie berechtigte zur Mitnahme von »Wohn- und Gerätewagen, Zugmaschinen – Pferde«.

Bei ihrem Neustart im traditionellen Gewerbe hatte den Blums vor allem der Marionettentheaterbesitzer Julius Richter geholfen, ein Cousin von Toni. Bei ihm, der während der NS-Zeit nicht verfolgt wurde, hatte sich

Hugo 1942 nach seiner Flucht aus Hoyerswerda einige Zeit versteckt gehalten. Im Jahr 1946 konnte Aloys Blum einige Zeit in Richters Marionettenbühne mitarbeiten, ehe er sich wieder selbständig machte. 1954 bezeugte Julius Richter im Entschädigungsverfahren die Existenz und den Wert der den Blums geraubten Marionetten und der zugehörigen Wagen. Er gab zu Protokoll, dass er Blum sehr gut kenne und mit ihm bisweilen unterwegs gewesen sei. Er habe ihn auch einige Male in Hoyerswerda besucht, wenn er durch diese Gegend gekommen sei. Nach dem Kriegsende, etwa Mitte 1945 (eher 1946 – A. L.), habe er Aloys Blum bei Osterode im Harz wiedergetroffen. In seiner eidesstattlichen Erklärung berührte Richter – aus welchen Gründen auch immer – weder ihr Verwandtschaftsverhältnis noch seine direkte Unterstützung für den beruflichen Neubeginn der Blums. Er erwähnte lediglich, die Familie hätte damals »einen kleinen, dürftig ausgestatteten Wohnwagen« besessen, der »von einem gemieteten Traktor gezogen wurde«. Die Ehefrau habe mit Kurzwaren hausiert, »um sich und der Familie den Lebensunterhalt zu erwerben«.

Doch das Marionettenspiel hatte keine Zukunft mehr. Die Zeiten hatten sich geändert. In den Dörfern und kleinen Gemeinden blieben die Zuschauer aus. Die Konkurrenz des Kinos, die den Puppenspielern schon seit den 1920er Jahren zu schaffen gemacht hatte, war spätestens seit der Entwicklung von Ton- und Farbfilm übermächtig geworden. Der wirtschaftliche Aufschwung nach dem Krieg brachte überdies den Bewohnern der kleinen Gemeinden mehr Mobilität. Sie waren nicht mehr auf eine Wanderbühne angewiesen, die zu ihnen kam. In dieser Situation gaben viele Marionettentheaterbesitzer ihr Gewerbe auf, nur wenigen gelang es, sich den neuen Zeiten anzupassen, indem sie beispielsweise ihre Programme eher auf Kinder ausrichteten oder moderne Technik einsetzten. Die allerwenigsten unter ihnen könnten ihr Theater an einem festen Standort etablieren.

Aloys Blum und seiner Frau jedoch fehlten die Kraft und das Geld für Neuerungen. Zudem spürten sie wohl immer deutlicher die psychischen und gesundheitlichen Folgen der KZ-Haft, die sie in der ersten Zeit hatten ignorieren wollen. Aloys Blum meldete 1953 sein Gewerbe ab und übergab das Theater an seinen Sohn Hugo. Da war er zweiundsechzig Jahre alt und begann seinen Kampf um eine Rente. Schon einige Zeit zuvor hatte Hugo die Hauptarbeit übernehmen müssen, weil sein Vater körperlich nicht mehr in Lage war, die Marionetten zu führen. Der Sohn betrieb das Theater noch eine Zeitlang weiter. Von einer Kooperation mit Julius Richter ist zu diesem Zeitpunkt nicht mehr die Rede. In welchem Jahr Hugo schließlich auch sein Gewerbe aufgeben musste, ist nicht überliefert. In seinen Entschädigungsunterlagen ist vermerkt, dass er bis 1957 arbeitslos war und anschließend eine Tätigkeit als Kammerjäger aufnahm, offenbar angeregt und unterstützt durch seinen Schwager Otto Schopper.

Bereits Ende der 1940er Jahre, also noch bevor Aloys Blum sein Gewerbe aufgab, hatte die Großfamilie begonnen sich aufzulösen. Die Töchter heirateten eine nach der anderen und bekamen Kinder. Sie zogen mit ihren Männern davon, mit denen sie entweder standesamtlich getraut waren oder lediglich nach dem Ritus der Sinti als verheiratet galten. Ihre Partner waren in den meisten Fällen Sinti und Überlebende der NS-Verfolgung wie sie. Über die weiteren Lebenswege der Töchter und Söhne der Blum-Familie existieren nur fragmentarische Informationen, die fast alle aus den Entschädigungsakten stammen und deshalb vorwiegend von Krankheiten, sozialer Not und anderen Problemen handeln. Ihr tatsächliches Leben, in dem es – wie mir Ella Braun versicherte – auch Lebensfreude, gemeinsame Feste, Gesang und Tanz gegeben habe, können diese Dokumente nicht widerspiegeln.

Im Januar 1947 hatte die Familie noch ihre gemeinsame Adresse in Herzberg/Harz im Kreis Osterode. Elisabeth (Liesel) ging im selben Monat zusammen mit dem Artisten Oskar Blum auf Varieté-Reise. Im Sommer 1947 heiratete sie ihn und lebte seit Juli 1949 in Bremen. 1966 schrieb sie an die Entschädigungsabteilung mit der Bitte um eine Weihnachtsbeihilfe. Zu diesem Zeitpunkt hatte sie sieben Kinder und bezeichnete sich als alleinstehend.

Die Tochter Anna hatte sich etwa zur gleichen Zeit mit dem Hochseilartisten Willi Blum zusammengetan, den sie später heiratete. Willi Blum, offenbar ebenso wie Oskar Blum ein entfernter Verwandter, arbeitete für einen französischen Zirkus, und Anna reiste einige Jahre mit ihm durch Europa. Nach einem schweren Autounfall im Jahr 1965 konnte Willi Blum nicht mehr als Artist arbeiten. Er versuchte danach als Hausierer den Lebensunterhalt für sich und seine Familie zu verdienen. Das Paar hatte fünf Kinder, die zwischen 1947 und 1956 geboren wurden.

Therese Geissler gab an, sie habe nach dem Krieg anderthalb Jahre lang in der Wanderbühne ihrer Eltern verschiedene Rollen übernommen. Wahrscheinlich hörte sie damit auf, als sie 1947 ein Kind bekam – ihr zweites nach dem in Auschwitz ums Leben gekommenen kleinen Johann. Sie gab 1949 ihren Ehemann Julius als »vermisst« an. Einige Jahre später stellte sich heraus, dass er die NS-Zeit überlebt hatte – wie Aloys Blum war auch er im April 1945 in Bergen-Belsen befreit worden –, doch das Paar fand nicht mehr zusammen. Die Ehe wurde im Jahr 1958 formell geschieden. Vermutlich seit 1950 lebte Therese zusammen mit Rudolf Steinbach in einem alten Campingwohnwagen in Mülheim an der Ruhr. Von Steinbach, der ebenfalls das KZ Auschwitz und andere Lager durchlitten hatte, bekam sie fünf Kinder, das Jüngste wurde 1960 geboren. 1968 heirateten die beiden.

Elli Blum lernte 1946 in Straubing Otto Schopper kennen. 1947 wurde ihr ältester Sohn geboren, ein Jahr später ihre Tochter Ella. 1952 heiratete das Paar standesamtlich. Von Hannover zogen sie mit ihrem Wohnwagen nach Mülheim/Ruhr. Danach bekamen sie noch zwei Söhne. Wie sein Vater arbeitete Otto Schopper zeitweilig als Kammerjäger und war viel unterwegs. Zu anderen Zeiten musste er Gelegenheitsjobs als Hilfsarbeiter annehmen, zum Beispiel Kesselstreichen im Stahlwerk Duisburg. Erst in den 1960er Jahren konnte die Familie in eine Wohnung ziehen.

Die jüngste Tochter Dora blieb am längsten von allen Kindern bei ihren Eltern. Sie gab später an, aufgrund ihrer Erlebnisse im KZ sei sie nicht in der Lage gewesen, im Marionettentheater mitzuarbeiten. Nicht einmal Soufflieren hätte sie gekonnt. Seit Mitte der 1950er Jahre lebte sie mit dem Artisten Johann Fröhlich zusammen in Berlin. Das Paar bekam drei Kinder. Nach dem Scheitern der Beziehung ging Dora 1959 zurück zu ihren Eltern nach Hannover und lebte dort mit ihren Kindern im Wohnwagen. 1973 konnte sie erstmals in eine kleine Wohnung in Viersen ziehen.

Toni und Aloys Blum zogen 1950 von Herzberg nach Hannover. Dort stellten sie an verschiedenen Adressen ihren Wohnwagen auf. Im Jahr 1965 taucht in den Akten kurzzeitig die Adresse: Mülheim/Ruhr, Holunderstraße 3 (Wohnwagen) auf. Ein Jahr danach jedoch gaben sie ihre Adresse erneut mit Hannover-Misburg an. Toni Blum starb 1968 in einem Krankenhaus in Krumbach. Nach ihrem Tod lebte ihr Mann abwechselnd bei seiner Tochter Elli in Mülheim und beim Sohn Hugo in Krumbach bzw. Darmstadt. Am 10. Mai 1982 starb Aloys Blum bei seiner Tochter Anna in Aletshausen, Kreis Duisburg.

Von den Blum-Geschwistern ist heute als Einzige noch Elli Schopper am Leben, die dreiundneunzigjährige Matriarchin der Familie.

Mit der Aufgabe des Wandertheaters verlor die Familie Blum nicht nur ihre ökonomische Existenz, sondern auch ihren Lebensmittelpunkt. Was sie miteinander verbunden hatte und wovon alle gelebt hatten, existierte nicht mehr. Das Ende der über Generationen weitergegebenen und gepflegten Tradition des Marionettenspiels bedeutete für sie zugleich den Verlust eines Platzes in der Gesellschaft. Die Wandermarionettenspieler waren zwar stets Außenseiter gewesen, doch es war eine respektierte Außenseiter-Position. Toni und Aloys Blum ebenso wie ihre Kinder konnten keine Berufsabschlüsse vorweisen. Marionetten zu führen, zu singen, zu tanzen, zu improvisieren und mehrere Musikinstrumente zu spielen, hatten sie von klein auf im Familienbetrieb gelernt. Als es für diese Fähigkeiten und Talente keinen Bedarf mehr gab, war es für andere Ausbildungen meist zu spät.

So blieben ihnen meist nur ungelernte, schlecht bezahlte Tätigkeiten, die gegenseitige Unterstützung innerhalb der Familie und als letzte Möglichkeit der Gang zum Sozialamt. Vom bundesdeutschen »Wirtschaftswunder« blieben die Blums, ebenso wie viele andere Sinti-Familien, die die NS-Verfolgung überlebt hatten, ausgeschlossen. Ohne Krankenversicherung, ohne Rentenversicherung lebten sie in bescheidensten Verhältnissen, traumatisiert und gezeichnet von den gesundheitlichen Folgen der Entbehrungen und Misshandlungen in den Konzentrationslagern. Jahrzehntelang mussten sie um die Anerkennung des ihnen zugefügten Unrechts kämpfen und um eine noch so geringe finanzielle Entschädigung für das ihnen zugefügte Unrecht.

6. ENT-SCHÄDIGUNG

In den bisherigen Kapiteln spielten häufig biographische Angaben eine Rolle, die ich aus den Entschädigungsakten der Mitglieder der Familie Blum entnommen habe, ohne dabei näher auf diese Verfahren einzugehen. Nun aber soll die Entschädigung selbst in den Mittelpunkt der Darstellung rücken: der jahre- wenn nicht sogar jahrzehntelange Kampf von Aloys und Toni Blum sowie ihren Kindern um eine finanzielle Kompensation für die erfahrenen Leiden und Verluste.

Allein das Wort »Entschädigung« irritiert. Es suggeriert letztlich die Vorstellung, eine Schädigung, ein Schaden könne ungeschehen oder wie es auch heißt »wiedergut«gemacht werden, was angesichts der monströsen nationalsozialistischen Verbrechen, die in millionenfachem Mord gipfelten, befremdlich und verharmlosend klingt. Wiedergutmachung und Entschädigung sind jedoch die zentralen Begriffe, mit denen das bundesdeutsche staatliche Handeln gegenüber den Überlebenden der NS-Verfolgung bis heute bezeichnet wird. Wiedergutmachung ist dabei der übergeordnete Begriff, der sowohl die juristische Rehabilitation, die Annullierung von Unrechtsakten wie der Ausbürgerung und die

Rückerstattung von geraubtem Eigentum als eben auch eine finanzielle Entschädigung für den Mord an Angehörigen, für erlittene Haft, für gesundheitliche Schäden sowie die Zerstörung von Bildungschancen und beruflicher Entwicklung einschließt.

Im Jahr 1950 stellten Aloys und Toni Blum für sich und ihre Töchter Dora und Therese die ersten Anträge auf Entschädigung. Um sich in dem bürokratischen Dschungel zurechtzufinden, waren sie in hohem Maße auf Hilfe angewiesen, nicht nur auf den Beistand von Anwälten, die ihre Interessen gegenüber den staatlichen Behörden und den Gerichten vertraten. Auch für die Ausfüllung der Formulare sowie für die Abfassung von Lebensläufen und Erklärungen benötigten sie Unterstützung.

Es ging bei diesen Anträgen zunächst um eine Haftentschädigung, um eine Geschädigtenrente und um Hinterbliebenenrenten nach den ermordeten Kindern Willy und Rudolf sowie nach Thereses Sohn Johann. Das war der Beginn eines jahrzehntelangen Kampfes, in dessen Verlauf die Betroffenen immer wieder neue Nachweise erbringen, minutiöse Erklärungen abgeben, sich medizinischen Untersuchungen unterziehen mussten. Sie waren demütigenden Unterstellungen ausgesetzt, mussten mehrfach gegen ablehnende Entscheide Revision einlegen, und es ist zu befürchten, dass ein großer Teil des Geldes, das sie nach langem Hin und Her schließlich bewilligt bekamen, an die Anwälte ging. In den Akten ist jedenfalls einige Male die Rede von »Abtretungserklärungen«, in denen sie zustimmten, dass die ihnen zugestandene Summe auf das Konto eines Anwalts überwiesen wurde, der ihnen dann wohl aushändigte, was nach Abzug seines Honorars noch blieb.

Die Entschädigungsverfahren waren bis in die 1960er Jahre hinein generell für Überlebende der NS-Verfolgung eine peinliche Prozedur, in deren Verlauf ihre leidvollen Erfahrungen in bürokratische Formeln gepresst wurden, begleitet vom strukturellen Misstrauen einer Behörde, die gehalten war, in jedem Antragsteller einen potentiellen Betrüger zu vermuten. Die Sinti jedoch erlebten besondere Diskriminierung und Benachteiligung, weil sie mit der unheilvollen Kombination von ausgrenzenden Klauseln in der Entschädigungsgesetzgebung und persönlichen Vorurteilen der jeweiligen Bearbeiter konfrontiert waren.

Als »Experten« in strittigen Fragen zogen die Entschädigungsämter überdies Kriminalpolizisten zu Rate, die während der NS-Zeit in den »Dienststellen für Zigeunerfragen« mit der Verfolgung befasst und nun interessiert waren, die Glaubwürdigkeit der Antragsteller in Frage zu stellen und damit den Charakter ihrer früheren Tätigkeit nach Kräften zu verharmlosen suchten.

So erging es Hugo Blum. Als das Bayerische Landesentschädigungsamt beim Landeskriminalamt eine Anfrage zu seiner Person stellte, verfasste ein Kriminalinspektor Georg Geyer die Antwort. Dieser Mann war bereits während der NS-Zeit in der »Zigeunerleitstelle« in München tätig gewesen. 1954 saß er mit den Akten von damals noch immer in der gleichen Dienststelle, die mittlerweile in »Landfahrerzentrale« umbenannt worden war. Geyer schrieb, »der Antragsteller Blum« werde »hier aktenmäßig seit 1947 als Landfahrer geführt«. Er verwies auf den Fahrraddiebstahl und die viermonatige Haft, die Hugo 1943 hatte verbüßen müssen. Es sei möglich, so Geyer, dass Hugo Blum aufgrund des »Erlasses über die vorbeugende Verbrechensbekämpfung« nach Auschwitz gekommen sei. Wäre das Landesentschädigungsamt seiner Argumentation gefolgt, so hätte das bedeutet, dass Hugo als »Krimineller« angesehen und nicht als Verfolgter anerkannt worden wäre.

Auch in den Entschädigungsakten seines Vaters Aloys taucht der Name eines Mannes mit einer ähnlich bruchlosen Karriere auf. In dem Antragsformular der Versorgungsstelle für politische Häftlinge in Regensburg antwortete Aloys Blum 1946 auf die Frage nach dem Verantwortlichen für seine Verhaftung und Deportation nach Auschwitz: »Criminal Kasten«. Damit meinte er offensichtlich den Kriminalsekretär Leo Karsten, SS-Mann und Leiter der »Dienststelle für Zigeunerfragen« beim Polizeipräsidium Berlin. Nach Kriegsende wurde Karsten in Ludwigshafen zum Kriminalrat befördert. Als »Experte« für Entschädigungsfragen »begutachtete« er nun die Anträge von Überlebenden im gesamten Bundesgebiet, für deren Inhaftierung er zum Teil selbst gesorgt hatte.

Am 1. März 1951 übersandte der Geschäftsführer des Kreis-Sonderhilfsausschusses Bremervörde die Antragsunterlagen von Aloys Blum an den Kreis-Sonderhilfsausschuss Hannover, versehen mit der Bemerkung, dass über die gestellten Anträge noch nicht entschieden sei, »da aufgrund des Erlasses des Herrn Niedersächsischen Ministers des Innern (...) Ruhen der Verfahren für Zigeuner angeordnet worden« sei.

Acht Tage später machte Rechtsanwalt Müller aus Hannover in einem Schreiben an den Kreis-Sonderhilfsausschuss darauf aufmerksam, »dass Herr Blum nicht unter den ministeriellen Erlass, wonach Anträge für Zigeuner dort nicht bearbeitet werden sollen, fällt und daher für diesen eine besondere Genehmigung eingeholt werden soll. Die Familie Blum ist seit über 300 Jahren in Deutschland ansässig.«

Der erwähnte Erlass, mit dem Sinti und Roma, die die NS-Verfolgung überlebt hatten, generell von der Entschädigung ausgeschlossen werden sollten, verlor mit der Verabschiedung des Bundesentschädigungsgesetzes 1953 und dessen überarbeiteter Fassung 1956 seine Gültigkeit. Weiterhin jedoch hatten bestimmte Verfolgtengruppen – die Opfer der Zwangssterilisierung, Homosexuelle, Deserteure und als »Asoziale« bzw. »Kriminelle« in Konzentrationslager verschleppte Menschen – überhaupt keinen Anspruch auf Entschädigungsleistungen.

Für die Sinti und Roma galten diskriminierende Einschränkungen. Als »rassisch« begründet wurde ihre Verfolgung erst seit dem Beginn der reichsweiten Deportationen im März 1943 anerkannt. Alle Ausgrenzungs- und Unterdrückungsmaßnahmen, denen die Menschen bereits in den Jahren zuvor ausgesetzt waren: Berufsverbote, Zwangsarbeit, Kriminalisierung, Inhaftierung in kommunalen Lagern und »Festschreibung« an einem Ort, galten als legitime polizeiliche Reaktionen auf »Asozialität, Kriminalität und Wandertrieb« von »Zigeunern«. So hieß es wörtlich im Urteil des Bundesgerichtshofs von 1956. Diese Klausel im Entschädigungsgesetz wurde erst 1963 aufgehoben und eine »rassisch« begründete Verfolgung« schon ab dem Jahr 1938 angenommen.

Insofern hatte Aloys Blum vermutlich Glück, weil über seine Haftentschädigung noch 1952 vom Sonderhilfsausschuss Hannover entschieden worden war, bevor das Bundesgesetz in Kraft trat. Für ihn hätte diese Einschränkung wirksam werden können, weil er schon im Mai 1942 verhaftet und nach Auschwitz verschleppt worden war. Allerdings wurde auch er demütigenden Nachfragen unterworfen, musste nachweisen, dass er nicht wegen eines kriminellen Delikts verurteilt worden war. Seine ursprüngliche Forderung, als politisch Verfolgter behandelt zu werden, da seine Verhaftung unmittelbar auf seinen Protest bei der Reichstheaterkammer erfolgt war, wurde abgewiesen. Doch sein Anwalt setzte immerhin durch, dass seine gesamte Haftzeit von 35 Monaten als Verfolgung »aus rassischen Gründen« anerkannt und ihm die entsprechende (geringe) finanzielle Entschädigung zugesprochen wurde.

Es ist in diesem Kapitel nicht der Raum, um die Entschädigungsverfahren der Mitglieder der Familie Blum in allen Einzelheiten ihres Verlaufs, mit den zahlreichen bürokratischen Hürden, den jahrelangen Verzögerungen, den kleinen Erfolgen und Rückschlägen darzustellen. Es sollen hier lediglich einige besonders signifikante Vorgänge herausgegriffen werden, die die häufig von emotionaler Kälte und Vorurteilen geprägte Haltung der Behördenmitarbeiter ihnen gegenüber verdeutlichen.

Diese Haltung zeigte sich in den unbekümmerten Formulierungen des innerbehördlichen Briefwechsels wie auch in den Bescheiden, die den Betroffenen selbst zur Kenntnis gegeben wurden. So antwortete ein Mitarbeiter des Bayrischen Hilfswerks Regensburg im November 1949 auf eine diesbezügliche Anfrage des Amtes für Wiedergutmachung in Bremen, Frau Elisabeth Blum sei bei ihnen nicht registriert. Es ging in dem Schriftwechsel um die Frage, welches Bundesland für den Entschädigungsantrag der Blum-Tochter zuständig sei. Die einzelnen Behörden waren bestrebt, sich die potentiellen Antragsteller gegenseitig zuzuschieben, und in diesem Fall wurde eine sachliche Klärung auch noch mit Unterstellungen und Verdächtigungen verknüpft: »Gleichzeitig machen wir Sie darauf aufmerksam«, heißt es in dem Schreiben weiter, »dass es uns so vorkommt, wie wenn jetzt viele Zigeuner in ganz Deutschland in jedem Land herum fahren und ihre Haftentschädigung verlangen. Hier in Bayern muss derjenige, welcher eine Haftentschädigung verlangt, am 1.1.1947 seinen Wohnsitz in Bayern gehabt haben.« Sie würden sofort Kontrollen durchführen, »ob derjenige auch wirklich im Lager war, da leider sehr oft die Angaben nicht stimmen. Im Interesse Ihres Landes ist immer Vorsicht geboten.«

Um die Prüfung des Aufenthalts ging es auch 1952 im Antrag von Aloys Blum. Ein Mitarbeiter der Entschädigungsbehörde in Hannover berichtete am 5. Mai 1952 in einem Schreiben an den Regierungspräsidenten, er habe die von Blum eingereichte Aufenthaltsbescheinigung der Stadt Herzberg am Harz noch einmal geprüft: »Unter Berücksichtigung der eigenartigen Verhältnisse gerade bei Zigeunern wurde von uns hierauf eine schriftliche Rückfrage über die Glaubhaftigkeit dieser Bescheinigung veranlasst.«

Nach der Haftentschädigung begann der Kampf um eine Rente sowie um kostenlose Heilfürsorge aufgrund der im KZ erlittenen gesundheitlichen Schäden. Für Aloys und Toni Blum, die beide weder über eine Kranken- noch über eine Rentenversicherung verfügten, war dies von existentieller Bedeutung. Die jeweiligen Gutachten, die von Amtsärzten auf der Grundlage umfangreicher medizinischer Untersuchungen erstellt wurden, kamen 1953 bzw. 1955 zu dem Schluss, dass sowohl

Aloys als auch Toni aufgrund ihrer gesundheitlichen Probleme nur eingeschränkt erwerbsfähig seien. Seltsamerweise konnten die Mediziner genau bestimmen, dass der Anteil der Erwerbsminderung, der auf die Lagerhaft zurückzuführen sei, unter fünfundzwanzig Prozent lag. Fünfundzwanzig Prozent war nämlich die Grenze, ab der der Staat ihnen eine Rente hätte zahlen müssen. Um das zu begründen, führten sie zum Teil absurde Erklärungen an.

So ging beispielsweise Professor Bass, Chefarzt des Henriettenstifts Hannover, davon aus, dass das Lungenleiden von Aloys Blum lediglich seinem fortgeschrittenen Alter geschuldet sei. Es könne sich nicht bereits während seiner Haft bemerkbar gemacht haben, da »Unterlagen betreffs einer erfolgten Behandlung oder eines Revieraufenthalts wegen einer fieberhaften Bronchitis oder auch chronischen Bronchitis (...) in den Akten nicht« vorliegen würden. Anscheinend betrachtete der Herr Professor das Konzentrationslager als eine Art Sanatorium, wo bei gesundheitlichen Problemen jeweils sofort ein Arzt mit der passenden Behandlung zur Stelle gewesen sei. Im Fall des diagnostizierten Leistenbruchs verstieg er sich sogar zu der Behauptung, es bestünde kein Zusammenhang zwischen dem Bruch und der schweren körperlichen Arbeit im Lager. Unter anderem hatte Aloys Blum angegeben, er habe Eisenbahnschienen schleppen müssen. Erfahrungsgemäß, so Bass, entstehe die »ganz überwiegende Mehrzahl der Leistenbrüche im Laufe des Lebens bei den hierzu veranlagten Menschen durch den dauernden Überdruck der Bauchpresse«. Das Heben einer schweren Last sei also allenfalls ein Auslöser, keinesfalls die Ursache gewesen. »Hierbei kann ebenso gut ohne jegliche Arbeit evt. durch Pressen oder Husten derselbe Vorgang ausgelöst werden.« Gerade einmal zehn verfolgungsbedingte Prozent wollte er in diesem Fall zugestehen.

Aloys hatte erneut Glück, da er bereits 1952 nach dem niedersächsischen Soforthilfegesetz eine Rente bewilligt bekommen hatte, die ihm nun – trotz des neuen ablehnenden Gutachtens – nicht mehr abgesprochen werden konnte. Allerdings war die Hoffnung auf eine Erhöhung dieser sehr kleinen Rente nach dem Bundesentschädigungsgesetz damit zunichte.

Seine Ehefrau Toni hatte ihren Antrag auf eine Rente aufgrund der im KZ erlittenen Gesundheitsschäden erst 1953 gestellt. Ihr wurde eine Minderung der Erwerbsfähigkeit von insgesamt vierzig Prozent bescheinigt. Doch nur zwanzig Prozent davon seien verfolgungsbedingt, beschied der Gutachter Medizinalrat Bonk. Der Antrag auf eine Geschädigtenrente wurde abgelehnt.

In dem medizinischen Untersuchungsbericht, auf den Bonks Gutachten sich stützte, hatte der zuständige Arzt des Nordstadt-Krankenhauses in Hannover zwar auf die im Lager überstandene Flecktyphuserkrankung von Toni Blum als naheliegende Ursache für ihre diagnostizierte »große Vergesslichkeit und Zerstreutheit« hingewiesen. Der Gutachter war jedoch der Auffassung, diese Symptome seien nur zu einem geringen Teil als Haftfolge anzusehen – unter fünfundzwanzig Prozent. Das von Toni Blum geltend gemachte Unterleibsleiden als Folge der im KZ Ravensbrück an ihr verübten Zwangssterilisation wurde gar nicht erst zur Kenntnis genommen. Die untersuchenden Ärzte fanden »keinen Anhalt« für einen operativen Eingriff. Die Erklärung der Patientin, ihr sei eine ätzende Flüssigkeit in die Scheide gespritzt worden, interpretierten sie als Missverständnis: Es habe sich wohl um »einen routinemäßigen Abstrich zu diagnostischen Zwecken gehandelt«.

Die von Anwalt Gröpke erhobene Klage gegen die ablehnende Entscheidung wurde im August 1955 abgewiesen. Ebenso abgelehnt wurde der Antrag auf eine Prozessbeihilfe und die Beiordnung eines »Armenanwalts«, so dass die Blums, deren Einkommen gewiss unterhalb der Armutsgrenze lag, schließlich auch die Kosten ihrer vergeblichen Bemühungen um eine Entschädigung in voller Höhe selbst tragen mussten.

1965 wurde das Bundesentschädigungsgesetz noch einmal überarbeitet und die Leistungen für die Verfolgten erweitert. Rechtsanwalt Gröpke nutzte die Möglichkeit, erneut einen Antrag auf Geschädigtenrente für Toni Blum zu stellen. Diesmal mit mehr Erfolg. Auf der Grundlage des alten medizinischen Untersuchungsberichts von 1953 bescheinigte ihr Dr. med. Pattloch im Februar 1966, es bestehe als Folge der KZ-Haft bereits seit 1953 eine Minderung der Erwerbsfähigkeit von mindestens fünfundzwanzig Prozent. Das bedeutet, seit dreizehn Jahren hätte ihr eine Rente gezahlt werden müssen! Nachzahlung und der Beginn der monatlichen Rentenzahlung zogen sich trotz wiederholter Mahnungen des Anwalts noch bis zum April 1967 hin. Im November 1968 schließlich starb Toni Blum im Krankenhaus von Krumbach.

Auch in dem zweiten Verfahren war der Angabe Toni Blums, sie sei in Ravensbrück zwangssterilisiert worden, keine Beachtung geschenkt worden, da keine Spuren eines operativen Eingriffs feststellbar waren. Dabei hätten die begutachtenden Mediziner, wenn sie sich auch nur einen allgemeinen Überblick über die medizinischen Verbrechen der NS-Ärzte verschafft hätten, wissen müssen, dass der Gynäkologe Carl Clauberg in Auschwitz-Birkenau seit 1942 im Dienste der SS ein »operationsloses« Massensterilisierungsverfahren an Häftlingsfrauen erprobt hatte, in dessen Folge die Opfer nicht nur unfruchtbar wurden, sondern viele von ihnen dauerhaft an Unterleibsschmerzen, Blasen- oder Darmproblemen litten. Nach Räumung des KZ Auschwitz konnte Clauberg seine verbrecherische Tätigkeit noch für einige Monate in Ravensbrück fortsetzen, ehe er im Juni 1945 verhaftet und von einem sowjetischen Militärgericht zu fünfundzwanzig Jahren Haft verurteilt wurde.

Allerdings – selbst wenn die Ärzte und Gutachter in den 1950er und 1960er Jahren Toni Blums Angaben ernst

genommen hätten, so hätten sie lediglich einen gesundheitlichen Schaden infolge des Eingriffs als entschädi-
gungswürdig anerkannt. Die Zwangssterilisation selbst
galt in der alten Bundesrepublik lange Zeit nicht als na-
tionalsozialistisches Unrecht. Aus diesem Grund wurde
Tonis und Aloys' Sohn Hugo Blum, der ebenfalls Anfang
1945 in Ravensbrück zwangssterilisiert worden war, in
seinem ersten Entschädigungsverfahren bescheinigt,
»Sterilisationsfolgen, die zur Erwerbsminderung führten«, seien »nicht gegeben«. Ein Gutachter schrieb, die
beklagten Beschwerden hingen nicht mit der erfolgten
Sterilisation zusammen, sondern seien als »psychogene
Reaktionen bei einem konstitutionell labilen Charakter«
aufzufassen.

Erst Ende der 1960er Jahre, nachdem Hugo erneut
einen Antrag gestellt hatte, wurde die Zwangssterilisation als »schwere Verstümmelung« anerkannt und ihm
eine Erwerbsminderung von dreißig Prozent bescheinigt. Für Hugo Blums Leben bedeutete dieser Eingriff,
der ihn zur Kinderlosigkeit verdammte, eine niemals
gutzumachende Katastrophe. Er starb 1978 im Alter von
nur achtundfünfzig Jahren.

Dora, die jüngste Tochter der Blums, die im Alter von
dreizehn Jahren nach Auschwitz deportiert worden
war, stellte Mitte der 1950er Jahre unter anderem einen
Antrag aufgrund von »Schaden an Ausbildung«, wie es
in der Behördensprache hieß. Das Mädchen war durch
die Verhaftung aus der 7. Schulklasse herausgerissen

worden. Krank und geschwächt, wie sie nach der Befreiung war, und überdies seit Dezember 1945 mit den Eltern und Geschwistern auf einer Odyssee durch die verschiedenen Besatzungszonen unterwegs, hatte sie den Schulbesuch nicht fortsetzen können. Der Antrag wurde 1959 abgelehnt. Zur Begründung steht im Schreiben des Regierungspräsidenten, es sei bekannt, »dass sich Zigeuner in wesentlichen Fragen bis heute noch nicht der abendländischen Gesellschaftsordnung eingegliedert haben. Ihnen war und ist u. a. jede geregelte Berufs- und Schulausbildung fremd. Ohnehin sei davon auszugehen, fährt er fort, dass der Schulbesuch nicht freiwillig erfolgt, sondern polizeilich angeordnet worden sei, »womit Zigeunern erhebliche Einschränkungen in der Freizügigkeit auferlegt« worden seien.

Mit keiner Silbe wandte sich der Mitarbeiter der Person von Dora Blum und ihren individuellen Bedingungen zu. Seine Entscheidung fällte er einzig aufgrund von rassistischen Vorurteilen. Nach einer Klage musste das Land im Jahr 1960 dann doch 5000 D-Mark an Dora Blum zahlen. Der Anwalt hatte in seinem Schriftsatz unter anderem geltend gemacht, es sei der Initiative ihrer Mutter zu verdanken gewesen, dass die Tochter von der Grundschule auf die Mittelschule in Hoyerswerda wechseln und deshalb – trotz des bereits bestehenden Schulverbots für »Zigeuner« – weiter lernen konnte.

Eine kleine Ausbildungsbeihilfe wurde ihr erst 1966 bewilligt. Gleichzeitig wurde ihr Antrag auf eine Rente aufgrund von im Lager erlittenen gesundheitlichen Schäden »wegen Fristversäumnisses« abgelehnt. Die zuständigen Mitarbeiter der Entschädigungsbehörde ignorierten das vom Psychologen und Neurologen James Lutz 1977 erstellte Gutachten, aus dem hervorging, dass Dora Blum mehr als dreißig Jahre nach der Befreiung noch immer vor allem an den psychischen Folgen der Misshandlungen und Entbehrungen litt. Lutz hatte seiner Patientin aufmerksam zugehört und von dem Gespräch ein umfangreiches Protokoll angefertigt. Als einer der wenigen begutachtenden Mediziner verhielt er sich empathisch und verständnisvoll.

1989 übernahm der Zentralrat der Sinti und Roma die Vertretung der Ansprüche von Dora Blum. Nun zog ein anderer Ton in den Briefwechsel ein, der zuständige Mitarbeiter des Entschädigungsamtes beharrte jedoch in seinem Antwortschreiben weiterhin darauf, dass in diesem Fall keine Fehler oder Versäumnisse vorliegen würden: Es sei »amtsbekannt«, so argumentierte er, dass der Gutachter James Lutz »überwiegend zugunsten der Antragsteller ungerechtfertigt hohe MdE-Werte angegeben habe« (MdE = Minderung der Erwerbsfähigkeit). Man habe seiner Bewertung deshalb nicht folgen können. Gegen eine »psychische Schädigung« der Antragstellerin spreche überdies, dass sie nie in psychiatrischer Behandlung gewesen sei. Dabei hatte James Lutz ausführlich wiedergegeben, was Dora ihm erzählt hatte: dass sie in den vergangenen Jahren immer wieder die Flucht ergriffen hätte, weil sie geschlossene Türen, medizinische Untersuchungen, Behandlungen nicht habe ertragen können.

Doch das gesellschaftliche Klima hatte sich mittlerweile gewandelt. Dora Blum stimmte dem angebotenen Vergleich zu, der ihr den Bezug einer Mindestrente sicherte – rückwirkend von dem Zeitpunkt an, an dem ihr Antrag zum ersten Mal abgelehnt worden war. Darauf lief es übrigens bei fast allen Mitgliedern der Familie Blum hinaus: das Ergebnis der jahrelangen zermürbenden Auseinandersetzungen mit der Entschädigungsbehörde und den Gerichten war letztlich die Gewährung der Mindestrente.

Das am Tag der Verhaftung beschlagnahmte Marionettentheater und die geraubten Wohnwagen bekamen die Blums niemals zurück. Noch in Hoyerswerda hatte Aloys Blum im November 1945 einen Antrag bei der Landesfinanzdirektion Sachsen auf Rückgabe bzw. Entschädigung gestellt. In dem Antwortschreiben wurde er auf eine spätere »allgemeine grundsätzliche Regelung der Rückgabe oder Rückzahlung von Werten (...) durch die dazu berufene zentrale Stelle« vertröstet. Eine solche »allgemeine Regelung« sollte jedoch letztlich weder in der SBZ noch in der DDR verabschiedet werden.

Im Dezember 1945 flohen die Blums aus der sowjetischen Besatzungszone und stellten zehn Jahre später im Land Niedersachsen erneut einen Antrag auf Entschädigung für den Verlust ihres Theaters und der Wagen. Im Verlaufe dieses Verfahrens – nach dem bundesdeutschen Entschädigungsrecht musste jeder reklamierte »Schaden« in einem gesonderten Verfahren behandelt werden – gaben sie eidesstattliche Erklärungen ab, sie brachten Zeugen bei, legten Nachweise vor, damit die Höhe des entstandenen Verlustes beziffert werden konnte.

Die Anzahl der Marionetten, die Anzahl der »Verwandlungen«, die Textbücher – alles wurde minutiös aufgelistet. Außerdem musste Aloys Blum eine genaue Beschreibung der Wagen und ihrer Ausstattung liefern: Länge, Breite, Höhe, die Holzart, die Bereifung, Bedachung, Fußboden, Verschalung. Die von ihm beschriebenen Wagen waren sechs bzw. vier Meter lang, jeweils 2,45 Meter breit und 2,20 Meter hoch. Sie waren aus Pitchpine-Holz gebaut, einer schweren, kernholzreichen Kiefernart, hatten mehrere Oberlichter, Holzfußboden mit Linoleumbelag und waren mit Sperrholz verschalt.

Bei der Ermittlung der Wiederbeschaffungspreise für die Wagen, dies geht aus dem internen Schriftverkehr der Behörde hervor, waren die Gutachter bzw. Mitarbeiter gehalten, die Summen so niedrig wie möglich anzusetzen. Nach einem monatelangen Hin und Her von Fragen und Antworten, von Rückfragen und erneuten Antworten erging schließlich der Bescheid, es werde keine Entschädigung gezahlt: Marionettentheater, Wagen und Wohnungseinrichtung seien »identifizierbare

Gegenstände«, die seinerzeit »durch Polizeiorgane beschlagnahmt und in behördlichen Gewahrsam genommen« worden seien. »Seiner Rechtsnatur nach« handle es sich damit um einen »rückerstattungsrechtlichen Wiedergutmachungsanspruch«. Dieser Anspruch könne jedoch zur Zeit »nicht realisiert« werden, »weil der Schaden außerhalb des Bundesgebietes entstanden« sei. Der Antragsteller, so beschloss der zuständige Bearbeiter Beykirch seine Argumentation, die sich wie ein Zitat aus einem Roman von Kafka liest, könne nur abwarten, »ob bzw. bis das BRüG (Bundesrückerstattungsgesetz) einmal seine Wiedergutmachungsleistungen auch auf Schäden ausdehnt, die in Mittel- bzw. Ostdeutschland verursacht wurden«. Bekanntlich geschah dies nach der deutschen Vereinigung im Jahr 1990, als Aloys Blum bereits acht Jahre tot war.

Die Suche nach den Marionetten

Der Schriftsteller Reimar Gilsenbach erzählt in einem seiner Texte die Geschichte der Sintiza Adelheid Krause, die als einzige Überlebende ihrer großen Familie nach der Befreiung in ihre Heimatstadt Magdeburg zurückkehrte. Sie und andere aus den Konzentrationslagern befreite Sinti erhielten dort keinerlei Unterstützung von der Stadtverwaltung oder dem örtlichen OdF-Ausschuss – weder eine Wohnung noch Lebensmittelpakete oder gar eine finanzielle Starthilfe. Den Wohnwagen, der ihren Eltern gehört hatte, fand sie auf einem Acker wieder. Die Bauern, die ihn sich nach der Deportation der Familie Krause nach Auschwitz angeeignet hatten, nutzten ihn dort als Frühstückswagen. Mit Hilfe von vier Schicksalsgefährten holte sich Adelheid Krause den Wagen zurück. Daraufhin zeigten die Bauern sie als Diebin an. Die Volkspolizei wurde eingeschaltet. Reimar Gilsenbach, der sich fünfzig Jahre später die Dokumente im Archiv anschaute, bemerkte empört, dass die Polizisten, ebenso wie später der Amtsrichter, zur Protokollierung des Falles die alten NS-Formulare benutzten und dass sie die in dieser Zeit angelegte »Zigeunerakte« von Adelheid Krause einfach weiterführten. Im Juni 1947 wurde die Sintiza zu einer Geldstrafe von 300 Reichsmark verurteilt. Was danach mit dem Wagen geschah, ist nicht überliefert.

Diese Geschichte fiel mir wieder ein, als ich in der eidesstattlichen Erklärung von Toni Blum las, einer ihrer Nachbarn in Hoyerswerda habe eines Nachts ihren Wohnwagen gestohlen und ihn in seinem Garten aufgestellt. Im Sommer 1945, als die Blums nach Hoyerswerda zurückkehrten, fanden sie die Wagen nicht mehr vor: Weder den vom Nachbarn Gestohlenen noch den Gerätewagen, den die Polizei beschlagnahmt hatte. Auch die Marionetten, die Bühne und das gesamte Zubehör ihres Theaters waren und blieben verschwunden. Während meines Gesprächs mit Ella Braun kamen wir auch auf dieses Thema.

Ein entfernter Cousin aus der Familie ihrer Mutter, erzählte sie, habe die Marionetten des Großvaters vor einiger Zeit in einem Museum in Leipzig gesehen. Die Idee, das gestohlene Eigentum der Blums wiederfinden zu können, motivierte mich zu weiteren Suchaktionen. Wenn die Polizei nach der Verhaftung von Toni Blum und ihren Kindern die Marionetten tatsächlich »ordentlich« beschlagnahmt hatte, waren sie vielleicht auf irgendeinem Weg in das Depot eines Museums geraten. Schließlich konnten wir in den vergangenen Jahren Berichte über Kommissionen hören und lesen, die in den Sammlungen staatlicher und städtischer Museen die Herkunft von Gemälden und Skulpturen untersuchen, weil sich herausgestellt hat, dass viele der während der NS-Zeit ihren Eigentümern geraubten Gegenstände seit Jahrzehnten unhinterfragt dort liegen. Warum sollten nicht auch die Marionetten der Familie Blum darunter sein?

Weil Ella Brauns Cousin die Figuren in der sächsischen Stadt Leipzig gesehen haben wollte, wandte ich mich zuerst an die Staatlichen Kunstsammlungen in Dresden. Dort existiert eine bedeutende Puppentheater-Sammlung, die von Lars Rebehn betreut wird. Von ihm erhielt ich wichtige Hinweise auf die verwandtschaftlichen Verquickungen der Familien der Wandermarionettenspieler untereinander und auf die Situation der Sinti unter ihnen während der NS-Zeit. Doch von den Marionetten der Blums wusste er nichts. Auch der

Museumsleiter der Stadt Liebenwerda – einem früheren Zentrum des sächsischen Wandermarionettentheaters – konnte nicht helfen. Ich fragte beim Stadtarchiv
von Wrocław an, ob sich in ihrem Bestand vielleicht ein
Protokoll der Oberfinanzdirektion Breslau über die Be-
schlagnahme des Eigentums der Familie befände. Doch
auch hier – Fehlanzeige. Es hieß, die Überlieferungen
aus der Breslauer Zeit bis 1945 seien sehr lückenhaft.

Schließlich meldete sich Ella Braun noch einmal: Sie
habe mir die falsche Stadt genannt. Ihr Cousin habe die
Marionetten in einer Ausstellung nicht in Leipzig, sondern in Lübeck gesehen. Sie seien dort als Teil der Hin-
terlassenschaft der Familie Richter gekennzeichnet – ja,
und Adolph Richter, das sei schließlich ihr Urgroßvater
gewesen.

In der Altstadt von Lübeck gibt es ein sehr schönes
Theaterfigurenmuseum. Die Leiterin, Frau Napp, sagte
am Telefon, sie hätten einige Puppen, Theaterplakate
und andere Objekte aus dem Bestand der Familie Richter. Bis auf die Plakate sei jedoch zurzeit alles im Depot,
weil die Ausstellung vor einiger Zeit umgestaltet worden
sei. Reinhold Richter, der letzte aktive Puppenspieler der
Familie, habe sein Theater mit allem Zubehör in den
1960er Jahren an den Sammler Fritz Fey verkauft, der
selbst ein Nachkomme von Puppenspielern gewesen sei.
Fritz Fey wiederum habe seine Sammlung vor einigen
Jahren der Stadt Lübeck übergeben, die auf der Grundlage dieses Bestandes ein Museum gegründet habe.

Im Depot des Museums in einem Außenbezirk der Stadt empfing mich die Praktikantin Frau Schulte gleich mit den Worten, sie sei noch dabei, die Bestände zu ordnen, die alten Listen und Inventarnummern seien noch nicht vollständig in ein neues System übertragen worden. Sie führte mich durch enge Regalreihen, bis oben hin gefüllt mit Kartons. An den Wänden lehnten kleine und große Leierkästen, Bühnenaufbauten mit Samtvorhängen, bemalte Kulissen – schöne alte Gegenstände, einstmals mit Sorgfalt gefertigt und gepflegt, die längst aus unserem Alltag verschwunden sind und nur noch einen Platz im Museum oder im Depot haben.

Vier Kartons hatte Frau Schulte bereitgestellt, die ihrer Meinung nach eindeutig dem Bestand Richter zuzuordnen seien. Zwei der großen flachen Pappschachteln enthielten Marionetten, zwei weitere waren nur mit Köpfen gefüllt – alle sorgfältig in Seidenpapier eingeschlagen. Die Köpfe – manche waren sogar ohne Haare – konnten auf diese Weise immer wieder in neue Kostüme gekleidet, mit neuen Haaren, neuen Kopfbedeckungen versehen für die unterschiedlichsten Rollen und Stücke eingesetzt werden. Ein Kasperle-Kopf war dabei mit beweglichem Unterkiefer und beweglichen Augen, Köpfe von Männern und Frauen, die verschiedene Standardcharaktere darstellten: alt und verbissen, schön und jung. Die Männer – fast alle mit Schnauzbärten – konnten in Ritter, Jäger oder Räuber verwandelt werden. Außerdem gab es einen Tod. Eine Teufelsfigur fand ich nicht, eine der männlichen Figuren, gekleidet in einen prächtigen schwarzen Rock, auf dem Kopf ein schwarzes Barett, könnte durchaus als Doktor Faustus verwendet worden sein.

Nachdem ich Ella Braun Fotos der Köpfe, der Figuren und der Plakate geschickt hatte, kam ihr enttäuschter Rückruf: Das seien nicht die Marionetten ihres Urgroßvaters. Ihre Mutter, die als Einzige in der Familie die Figuren noch selbst gesehen und auch geführt hatte, habe sich eindeutig geäußert: »Ihre« Marionetten seien schöner, älter und auch »kunstvoller« gewesen. Überdies sei ihr ein Gustav Richter, der auf einigen der ausgestellten Plakate als Theaterdirektor vermerkt ist, nicht als Mitglied ihrer Familie bekannt. Die Richters waren eine weitverzweigte Puppenspielerdynastie und vielleicht hatten Toni und Aloys ihr Wissen über die komplizierten Verwandtschaftsverhältnisse nicht an ihre Kinder und Enkel übermittelt.

Im Katalog der Ausstellung fand sich außerdem ein Hinweis, der vielleicht Aufschluss bringen könnte. Dort war der Wandergewerbeschein eines »Julius Richter« mit Foto abgedruckt. Sollte das der Julius Richter sein, den Hugo Blum als seinen Onkel bezeichnete und bei dem er sich 1943 nach seiner Flucht aus Hoyerswerda versteckte? War er es, der 1954 in einer eidesstattlichen Erklärung Wert und Größe des gestohlenen Blum'schen Marionettentheaters bezeugte? Oder handelte es sich nur um eine zufällige Namensgleichheit innerhalb dieser weitverzweigten Marionettenspieler-Familie? Auf dem – leider undatierten – Wandergewerbeschein ist das Alter von Julius Richter mit dreiundfünfzig Jahren angegeben. Das Museum in Lübeck konnte mir keine biographischen Informationen zu dem Mann übermitteln. Wieder der Hinweis auf die noch ungeordneten Bestände.

Ausgestellt worden war der Schein in der Stadt Hornburg im Harz. Ich schrieb an das Stadtarchiv und Dr. Sybille Heise, die engagierte Leiterin des Archivs, fand schließlich in den Überlieferungen des Rates die Antworten auf einige meiner Fragen:

Der Schausteller Julius Richter siedelte sich zusammen mit seiner Frau Rosalie und seinem Sohn Julius im Jahr 1911 in Hornburg an. Anlässlich der amtlichen Anmeldung gab er sein Geburtsdatum an: den 25. Mai 1979 – das war das gleiche Datum, das auch der Onkel von Hugo Blum in seiner eidesstattlichen Erklärung 1954 zu Protokoll gegeben hatte. Demnach war der Wandergewerbeschein im Jahr 1932 ausgestellt worden. Aus einem Verzeichnis der Fachschaft Puppenspiel der Reichskulturkammer von 1941 geht hervor, dass Julius Richters Adresse zu diesem Zeitpunkt noch immer Hornburg, Wasserstraße 31 lautete. Dort befand sich der Gasthof »Prinzess Ilse«, also handelte es vermutlich um den Stellplatz für den Wagen und die Pferde. Frau Heise förderte aus dem Ratsarchiv nach und nach weitere Hinweise auf die Vorfahren von Toni Blum, geborene Richter, zutage:

Bereits im Oktober 1893 war der Kunstfigurentheaterbesitzer Adolph Richter zusammen mit seiner Frau Anna, geborene Heilig, und seinen Töchtern, der anderthalbjährigen Bertha und der wenige Monate zuvor geborenen Toni von Magdeburg nach Hornburg gezogen. Zwei Jahre später folgte ihnen der »Künstler« Julius Heilig mit Familie, seinem Geburtsjahr – 1836 – nach vermutlich der Vater von Anna und der Schwiegervater von Adolph Richter. Die kleine Stadt Hornburg war also viele Jahre lang ein zentraler Ort für die Marionettenspieler-Familien Richter und Heilig. In den Akten kommt auch ein zweiter, jüngerer Julius Heilig vor (Geburtsjahr 1863), der sich ebenfalls als Schausteller bzw. Künstler bezeichnete, außerdem noch der Schausteller Heinrich Richter.

Ella Braun war zunächst überzeugt, dass Julius Richter ein Bruder ihrer Großmutter Toni gewesen sei. Doch das scheint eher fraglich. Julius Richter selbst gibt anlässlich seiner Anmeldung in Hornburg an, sein Vater sei im Jahr 1908 in Atzendorf und seine Mutter 1910 in der Nähe von Goslar gestorben, während Adolph und Anna Richter – die Eltern von Toni – erst in den dreißiger Jahren des vergangenen Jahrhunderts starben. Julius Richter war demnach sehr wahrscheinlich ein Cousin von Toni, der Sohn eines der älteren Brüder ihres Vaters Adolph. Auf der Geburtsurkunde, die mir das Standesamt der Gemeinde Nordharz übermittelte, sind seine Eltern als Christiane Friedrine Richter, geborene Pohl, und Friedrich Richter benannt. Ihr Wohnort befand sich damals in Haida bei Elsterwerda, einem der Zentren des sächsischen Wandermarionettentheaters. Auch Julius Richter wurde, wie fast alle seine Künstlerverwandten, »auf der Durchreise« in Abbenrode in der Wohnung der Gastwirtin Witwe Kahlsdorf geboren.

Bei den Marionetten im Depot des Lübecker Museums handelt es sich natürlich nicht um die 1943 in Hoyerswerda beschlagnahmten und verschwundenen Figuren, aber mit großer Wahrscheinlichkeit gehören sie zum Nachlass von Julius Richter und sind damit im weitesten Sinne ein Teil des »Familienerbes« der Marionettenspieler-Dynastie Richter-Blum.

7. ELLA BRAUN – DIE NICHTE

Als ich das Zimmer im Dokumentationszentrum der Sinti und Roma in Heidelberg betrete, sehe ich sie dort am Tisch sitzen und mir freundlich zulächeln. Ella Braun, eine schlanke, elegant gekleidete Frau, die ihre schwarzen Haare streng zurückgenommen trägt, ist die Tochter von Willy Blums Schwester Elli. Sie hat sich bereit erklärt, mich zu treffen und mir zu erzählen, was sie über die Geschichte ihrer Familie weiß. Aber erst einmal sagt sie, dass sie sehr aufgeregt ist, und verschwindet nach draußen, um eine Zigarette zu rauchen.

Als sie zurückkommt, meint sie erklärend, es falle ihr immer sehr schwer, »darüber« zu sprechen. Befangen oder unsicher wirkt meine Gesprächspartnerin keineswegs auf mich. Aber hinter dem selbstbewussten Auftreten spüre ich ihre Sorge, von den eigenen Gefühlen überwältigt zu werden. Meine Fragen rühren an eine Wunde: die Erinnerung an die Verfolgung ihrer Großeltern, Eltern, Tanten und Onkel, Cousins und Cousinen, an die Ermordung ihrer beiden Onkel Willy und Rudi, die sie nie kennengelernt hat.

Ella Braun ist Jahrgang 1948, genauso alt wie ich. Sie

gehört zur ersten Generation nach dem Genozid an ihrem Volk. Bis auf ihre dreiundneunzigjährige Mutter lebt von der Generation der Verfolgten in ihrer Familie niemand mehr. So sieht sie sich in der Verantwortung, an ihrer Stelle zu sprechen, wie belastend es jedes Mal auch sein mag. Sie engagiert sich im rheinland-pfälzischen Landesverband Deutscher Sinti und Roma, nimmt Einladungen an, vor Schulklassen zu sprechen. Die traditionsbedingte Scheu der Sinti, außerhalb der eigenen Familie, außerhalb der eigenen Gruppe über die Verfolgung, die Leiden, über die Toten zu sprechen, hat sie – wie auch einige andere Frauen und Männer ihrer Generation – überwunden. Doch ist dieses Sprechen noch immer nicht selbstverständlich.

Mit einer Gruppe des Verbandes, so erzählt Ella Braun, sei sie mittlerweile schon mehrmals in Auschwitz gewesen. Jedes Jahr Anfang August würden sie dort gemeinsam der Ermordung der Häftlinge des »Zigeunerfamilienlagers« gedenken. Das letzte Mal habe sie während der Ansprache eines Mitarbeiters der Gedenkstätte noch einigermaßen ruhig bleiben können. Beim anschließenden Rundgang jedoch habe sie im Block 27, in dem – wie sie wusste – ihr Vater »Stubenjunge eines Blockältesten« gewesen sei, ihre Fassung verloren. Ich sage, dass ich es verständlich finde, wenn ihr an einem solchen Ort die Tränen kommen, und erzähle, wie ich mit weichen Knien zum ersten Mal durch die Museumsbaracken in Auschwitz gelaufen bin, immer den Gedanken im Kopf, dass mein Großvater in diesem Lager umgebracht worden ist.

Doch Ella Braun mag sich diese Schwäche, die »Emotionen«, wie sie es nennt, nicht zugestehen. Dabei ist aus jedem ihrer Worte spürbar, wie eng sie mit der Leidensgeschichte ihrer Familie verbunden ist, so eng, dass eine Abgrenzung zu ihrem Leben als Nachgeborene eigentlich kaum existiert. Sie lebt mit den traumatischen Erfahrungen der Großeltern- und Elterngeneration. Vermutlich war das schon so, bevor diese Erfahrungen auch nur annähernd in Worte gefasst werden konnten, bevor sie verstand, wovon die Erwachsenen in Andeutungen sprachen und wovon sie schwiegen:

»Wenn die Brüder dann beisammensaßen, und sie waren alle begabte Musiker, sie konnten alle Instrumente spielen, und sie sangen Lieder, und es kam dann das Lied meiner Großmutter, die in Auschwitz verstorben ist, dann weinten sie alle, und wir wussten nicht, warum. Wir wussten auch nicht, warum sie diese Nummer trugen ...«

Für das jahrelange Schweigen hat Ella Braun Erklärungen gefunden: Die Eltern hätten nach Auschwitz einfach Ruhe gebraucht – nicht auffallen, nicht behelligt werden. Sie wollten die Vergangenheit hinter sich lassen und nur für die Zukunft, für ihre Kinder leben. Vor allem hätten sie die Kinder nicht belasten wollen: »Wir sollten nicht hassen, wir sollten keine Vorurteile haben. Sie haben einfach nichts erzählt, weil sie wollten, dass wir unter normalen Umständen groß werden.« Doch von »normalen Umständen« könne man eigentlich nicht sprechen, fügt sie hinzu und meint damit ihre eigenen Erfahrungen von Ausgrenzung und Diskriminierung als Kind und Jugendliche: »Das Wort ›Sinti‹ gab es damals noch nicht. Wir waren die ›dreckigen Zigeuner‹. Und ich weiß nicht, wie viele Schiefertafeln ich in der Schule gebraucht habe. Jedes Mal gab es Schlägereien. Es war wirklich so: ›Dreckige Zigeuner‹!«

Etwa mit dreizehn oder vierzehn Jahren habe sie begonnen, Fragen zu stellen und auch einzelne Antworten bekommen. Doch erst als später die Serie »Holocaust« im Fernsehen lief, sei »das Eis gebrochen«, und die Eltern hätten erzählen können, was geschehen war.

Einen besonderen Raum in diesen Erzählungen nimmt die Geschichte ihrer Großmutter Selma Schopper ein, der Mutter ihres Vaters, die in Auschwitz ums Leben kam. Diese Großmutter besaß ein Paar Ohrringe, weiße Korallen. Irgendwie, meint Ella Braun, hätte sie es geschafft, die Ohrringe bei der Ankunft im Lager, als ihnen alles weggenommen wurde, zu behalten. Nach ihrem Tod habe der Großvater die Schmuckstücke an sich genommen und sie während seiner folgenden Odyssee durch die verschiedenen KZs bewahren können. Sie, Ella, sei der Liebling dieses Großvaters gewesen, sagt sie ein wenig stolz. Er habe deshalb gewollt, dass sie nach seinem Tod die Ohrringe bekommen sollte. »Und ich hab sie! Kannst du dir das vorstellen, wie das ist? Auf dem

Bild, wo sie mit dem Papo (dem Großvater, A. L.) fotografiert ist, hat sie die Ohrringe in den Ohren. Ich hüte sie wie einen Schatz. Überleg doch mal: Die Ohrringe waren auch in Auschwitz und sie sind da und sie ist weg.«

Ella Braun wurde 1948 in Bremen geboren. Ihre Mutter hatte 1946 im bayrischen Straubing Otto Schopper getroffen, die beiden hatten geheiratet. Ella war das zweite Kind. 1947 war ihr älterer Bruder Hans-Jürgen zur Welt gekommen, und nach ihr wurden Peter und Rolf geboren. Ihre Mutter aber, sagt sie, habe nicht nur vier, sondern insgesamt sieben Kinder großgezogen. Bei ihnen seien auch noch Irmgard, Manfred und Klaus aufgewachsen, die drei jüngsten Geschwister ihres Vaters, die aus dem KZ Mauthausen befreit und danach zunächst in ein Kinderheim gebracht worden waren.

»Nach dem Krieg«, sagt Ella Braun, »hat doch kein Mensch bei uns gewusst, was los ist. Die haben sich gesucht bis in den letzten Winkel. Aber wenn man sich traf, hat man sich gefreut, hat sich ausgetauscht, hat auch gefeiert, das hat die Mama mir erzählt.«

Die Mutter von Irmgard, Manfred und Klaus, Ella Brauns Großmutter Selma, die Frau mit den weißen Ohrringen, war in Auschwitz ums Leben gekommen, der Großvater war in seinem Beruf als Kammerjäger oft unterwegs. Auch Ellas Vater arbeitete zeitweise als Kammerjäger. Ihre väterliche Familie hatte bis zur Deportation in Elbingen in einer Wohnung gelebt. Wie so viele Sinti waren sie längst sesshaft geworden. Doch unter den schweren Nachkriegsbedingungen reichte es nur für einen Wohnwagen. 1952 zog die Familie von Hannover, wo sie nahe bei Aloys und Toni Blum gewohnt hatten, nach Mülheim an der Ruhr. Ellas Vater pachtete dort für 99 D-Mark im Jahr ein Grundstück von der Bahn. Dort stellten sie ihren Wohnwagen auf. Ihre Mutter sei mit Handarbeiten übers Land hausieren gegangen.

»An diesem Bahndamm da ging's dann runter an die Ruhr, und Sonntag ist die gesamte Mülheimer Bevölkerung an unserem Wohnwagen vorbeigezogen und hat diese Romantik bewundert oder was weiß ich ... und das hat mich schon als Kind sehr betroffen gemacht, und ich hab dann ein Plakat genommen, also einen Pappkarton, und hab draufgeschrieben: Bitte nicht füttern! Und mein Vater hat noch mit mir geschimpft.« Ella schmunzelt.

Die ersten Ausgrenzungserfahrungen machte das Mädchen in der Mülheimer Schule. Sie sei in die letzte Bank gesetzt worden, von den Kindern gemobbt, von den Lehrern ignoriert. Als sie im dritten Schuljahr sitzenbleiben sollte, hätte ihre Mutter »einen wahnsinnig theatralischen Auftritt« beim Direktor hingelegt und gedroht, ihre Tochter aus der Schule zu nehmen. Darauf bekam sie einen neuen Lehrer aus Berlin, Elgurt sei sein Name gewesen, der habe sie sehr gefördert, worauf sie innerhalb von vier Monaten lesen und schreiben gelernt habe.

Ella Braun fragt, ob mir der Name Otto Pankok ein Begriff. Ja, sage ich, mein Düsseldorfer Großvater habe ihn gekannt. Von daher weiß ich, dass der Expressionist Otto Pankok in den 1920er und 1930er Jahren Sinti porträtierte, die in einer Düsseldorfer Wohnwagensiedlung lebten, dass er mit einigen von ihnen befreundet war und ihnen auch half, nachdem sie in ein Zwangslager gesperrt worden waren. Der Bruder von diesem Otto Pankok, sagt Ella, hätte in Mülheim eine Arztpraxis gehabt, nicht weit von dem Bahndamm, an dem ihr Wohnwagen stand.

»Wir hatten keine Krankenscheine, wir hatten keine Krankenkarten, der hat uns also wirklich ständig ohne Geld behandelt. Ich hatte einen Hund, den hat ein Auto angefahren, selbst den hat der Dr. Pankok behandelt. Ich muss jetzt lachen, aber es war nicht nur alles ..., als Kind nimmt man das anders ..., es war alles nicht nur schlimm, sondern man war auch Kind, und man hat auch das Positive gesehen.«

Zu dem »Positiven« zählt für sie, neben einer solchen Erfahrung mitmenschlicher Hilfe, vor allem das Erlebnis der emotionalen Wärme und des engen Zusammenhalts innerhalb der Familie. Sie spricht von ihren Festen, von den Tänzen, den Liedern, von der Tradition, die sie miteinander verbindet.

»Das ist nicht nur, weil es in unserer Kultur liegt, sondern das ist auch wegen der Vergangenheit unserer Eltern, dass dieser Zusammenhalt so groß ist. Wie viele

Menschen haben in jeder Familie gefehlt? Wie viele sind gesucht worden, wie viel Leid ist mit Auschwitz verbunden? Ich glaube, deshalb halten wir auch so zusammen, das hat uns dermaßen geprägt, dass es gar nicht anders geht!«

Ella Braun spricht es so deutlich nicht aus. Doch der Zusammenhalt innerhalb der Familie, innerhalb der Gruppe bedeutete gleichzeitig die Abgrenzung gegenüber der Mehrheitsgesellschaft. Die Situation der Sinti nach dem Ende des Krieges, ihr Leben in sozialer Not am Rande der Gesellschaft, die alltägliche Konfrontation mit rassistischen Vorurteilen bei Mitschülern, Nachbarn und Mitarbeitern staatlicher Behörden haben dafür gesorgt, dass sich jahrzehntelang daran nur wenig geändert hat.

»Wenn wir unterwegs waren ... wir kamen auf keinen Campingplatz. Weil es hieß: ›Da kommen die Zigeuner, runter, weg da!‹ Mein Vater hat viel in Bayern gearbeitet, und im Sommer sind wir drei Monate mit dem Campingwagen nach Bayern gefahren. Dort wohnte sein Onkel, der hieß Oskar, der war auch in Auschwitz, der war mit einer Deutschen verheiratet, die hatte einen Bauernhof. Dann wohnten wir dort, und mein Vater konnte dort arbeiten.«

Erst als Ella achtzehn Jahre alt war, zog ihre Familie vom Wohnwagen in eine Wohnung um. Nicht nur aus finanziellen Gründen hatte das so lange gedauert. Viele Vermieter, sagt sie, hätten ihnen keine Wohnung geben wollen, wenn sie erfuhren, dass es sich um eine Sinti-Familie handelte. Als Kind habe sie manchmal, wenn sie abends an den Häusern vorbeiging, sehnsüchtig durch die Fenster geschaut: »Da sitzt die Familie am Tisch, die Lichter brennen, es ist schön warm und kuschlig, und das Essen steht auf dem Tisch.« Und doch habe sie sich im Wohnwagen wohl gefühlt, sagt sie, das sei eben ihr Zuhause gewesen. Wenig später, als sie nach Abschluss der Handelsschule heiratete, zog sie mit ihrem Ehemann selbstverständlich in eine Wohnung. Die Zeiten des Wohnwagens waren vorbei – jedoch nicht die Zeiten der Diskriminierung.

Sie hätten damals in Katzenbach gelebt, ihre beiden Töchter Nancy und Vanessa seien dort zur Schule gegangen. Eines Tages sei Nancy weinend nach Hause gekommen und hätte gesagt, sie wolle nie mehr in die Schule gehen. Was war geschehen?

»Die Lehrerin, das war eine Aushilfslehrerin, muss ich dazu sagen, hat sie nach vorn gerufen und hat auf der Tafel geschrieben: ›Zieh-geuner‹, genau wie ich's Ihnen sage. Zieh-geuner. Und meine Nancy, die so aussah (dunkelhaarig und dunkelhäutig A. L.) sollte dieses Wort definieren. Die Lehrerin hat dann gesagt: Zieh-geuner, das kommt von den ziehenden Gaunern. – Das kann man nicht glauben!«

Sie sei sofort zum Direktor gegangen. Die Lehrerin konnte sie nicht zur Rede stellen, die sei nicht da gewesen. Daraufhin habe sie zum Direktor gesagt, dass ihre

Kinder diese Schule nicht mehr besuchen würden, bis er dafür gesorgt habe, dass diese Frau nicht mehr als Lehrerin tätig sei.

»Das war so ein furchtbares Erlebnis! Du denkst, die Zeiten haben sich gebessert, dabei ist es noch so, wie es war.«

Natürlich weiß Ella Braun, dass sich in den letzten Jahrzehnten einiges geändert hat. Das betrifft vor allem das Selbstbewusstsein der Minderheit und ihre Bereitschaft, sich gegen den alltäglichen Rassismus und gegen die Vorurteile zu wehren, mit denen sie immer wieder konfrontiert werden, in der Schule und in der Nachbarschaft. Ihre Eltern haben ihr in den 1950er Jahren eine solche Haltung vorgelebt, und sie hat ihren Kindern zwanzig Jahre später gezeigt, wie wichtig es ist, Diskriminierung und Benachteiligung nicht hinzunehmen.

1982 gründete eine Gruppe aktiver Bürgerrechtler der Sinti und Roma einen Interessenverband, der seitdem auf Bundesebene und international die Rechte der Minderheit vertritt. Seit mehr als zehn Jahren ist Ella Braun im Vorstand des rheinland-pfälzischen Landesverbandes aktiv. Dass sie vor Schulklassen spricht, ist Teil dieser Aktivitäten. Ebenso kümmert sie sich um ältere, in Not geratene Verbandsmitglieder und versucht für sie – trotz früherer Ablehnung – noch eine staatliche Unterstützung zu erwirken.

Dieser Verband, so sagt sie, sei »das Wichtigste« für sie und für ihre Kinder. »Das gibt uns den Halt, den wir brauchen. Mit allen Dingen, auch bürokratischen ..., weil es ja auch viele Menschen bei uns gibt, die nicht lesen und nicht schreiben können. Ich bin jedem einzelnen Menschen dankbar dafür, dem Herrn Rose und den anderen, die im Hungerstreik in Dachau dabei waren. Wo würden wir sonst heute stehen?«

Dass aber die Situation längst nicht entspannt ist, dass Sinti auch heute in Deutschland noch immer an Grenzen der Akzeptanz stoßen, spürt sie am Verhalten ihrer Enkeltöchter und -söhne – sieben sind es insgesamt. Die gehen zur Schule, studieren, lernen einen Beruf – aber sie vermeiden es, sich als Mitglieder der Minderheit der Sinti zu erkennen zu geben:

»Der eine hat zu mir gesagt, der studiert in Düsseldorf: Eigentlich bin ich ganz froh, dass ich nicht so schwarz bin wie du. Warum, hab ich gesagt, black is beautiful. Nein, nein Mami, es ist besser, man ist hellhäutig.« Sie erzählt mir auch das Bespiel eines entfernten Verwandten: »Der hat die Ausbildung gemacht, die Bank hat ihn eingestellt. Er hat sich nicht geoutet, er hat immer gesagt, er ist Italiener. Und irgendwann bei einem kollegialen Gespräch, abends beim Essen oder so hat er sich einem Arbeitskollegen anvertraut und gesagt, dass er aus dem Volk der Sinti stammt. Es hat keine drei Wochen gedauert, da hat er seinen Job nicht mehr gehabt. Das ist kein Märchen, das ist die Wahrheit!«

Die Bürde der Vergangenheit tragen Nachgeborene wie Ella Braun ihr Leben lang. Ihren Kindern und Enkeln hat sie – auch wenn die es anfangs nicht hören wollten – vom Schicksal ihrer Familie während der NS-Zeit, von den Morden, den Leiden und Traumatisierungen erzählt. Das Bewusstsein dieser Geschehnisse und auch die eigenen Erfahrungen von Ausgrenzung machen sie sensibel und hellhörig für jegliches Auftreten von Rassismus und Fremdenfeindlichkeit in der Gegenwart. In der letzten Zeit mehren sich Nachrichten, die ihr Sorge und Angst bereiten. Die Vergangenheit, das betont sie während unseres Gesprächs mehr als einmal, würden wir nicht mehr ändern können. Ihr gehe es vor allem um »das Hier und Jetzt, das Sein, das Leben«, darum, dass so etwas nicht noch einmal geschehen dürfe:

»Wir haben eine Verantwortung, auch ich zähle mich als Deutsche, nicht nur als Sintiza, wir haben eine Verantwortung gegenüber unseren Kindern und Enkelkindern. Ich möchte jeden einzelnen Menschen bitten, sich einzusetzen, dass es so etwas niemals wieder gibt. Es darf sich niemals wiederholen!«

SCHLUSS
Zeichen der Erinnerung

Seit 1990 wird jedes Jahr am 8. April der Roma-Day begangen. Weltweit finden an diesem Tag Veranstaltungen und Aktionen statt, mit denen Bürgerrechtsorganisationen der Roma auf ihre Situation in den jeweiligen Ländern aufmerksam machen und ihre Kultur feiern. Seitdem vor fünf Jahren das vom israelischen Künstler Dani Karavan gestaltete Denkmal für die während der NS-Zeit ermordeten Sinti und Roma im Berliner Tiergarten eingeweiht wurde, haben die Berliner Veranstaltungen des Roma-Day einen beziehungsvollen Ort bekommen.

Die Bühne, auf der Reden gehalten und Aufrufe verlesen werden, wo Musik gemacht und getanzt wird, steht nicht weit von dem großen runden Wasserbecken, das das Zentrum des Denkmals bildet. Viele Teilnehmer am Aktionstag gehen anschließend durch das eiserne Tor, lesen die Texte auf den gläsernen Informationstafeln oder schauen auf die unergründliche dunkle Wasserfläche mit dem dreieckigen Stein in der Mitte, der alle zwei, drei Tage versinkt und auf dem stets, wenn er wieder auftaucht, eine frische Blume liegt. Dazu hören sie einen Ton, einen sich immer wieder verändernden Geigenton, den der Geiger Romeo Franz eigens für diesen Ort komponiert hat.

Die Auseinandersetzung mit der Gegenwart sozialer Ausgrenzung und Diskriminierung der Minderheit und die Erinnerung an die Vergangenheit des Völkermords liegen an diesem Tag im Tiergarten jeweils sehr nah beieinander. Der späte Beschluss des Deutschen Bundestages aus dem Jahr 1982, die nationalsozialistischen Verbrechen an den Sinti und Roma als Völkermord anzuerkennen, markierte erst den Beginn eines mühevollen Eindringens der Erinnerung an die Geschehnisse in das gesellschaftliche Bewusstsein. Allein zwanzig Jahre dauerte es, bis das zentrale Denkmal im Tiergarten, dessen Errichtung 1992 beschlossen worden war, im Jahre 2012 eingeweiht werden konnte. Davor gab es die verletzende Weigerung der Initiatoren für das Holocaust-Denkmal, den Mord an den Sinti und Roma in dieses Gedenken einzubeziehen. Es folgten unwürdige Debatten um den Ort für ein separates Denkzeichen in Berlin.

Das Denkmal im Tiergarten allein verändert kein Bewusstsein. Das Gedächtnis musste und muss an die Orte zurückkehren, an denen die Menschen gelebt haben, an denen sie verfolgt und an denen sie ermordet wurden. Auf dem Parkfriedhof in Berlin-Marzahn wurde 1986 auf Initiative des Schriftstellers Reimar Gilsenbach und des Pfarrers der Marzahner Kirchgemeinde ein Gedenkstein eingeweiht, der an das 1936 in diesem Stadtteil errichtete Zwangslager erinnert. Auf dem einstigen

Lagergelände – dem heutigen Otto-Rosenberg-Platz – informiert seit 2011 eine Open-Air-Ausstellung über die Geschehnisse. Auch in Düsseldorf, Magdeburg und Frankfurt/Main bezeichnen seit den 1990er Jahren Gedenktafeln oder Gedenksteine die Orte, an denen die Sinti damals festgehalten worden waren, ehe sie in die Vernichtungslager deportiert wurden. In der Gedenkstätte Auschwitz-Birkenau gibt es bereits seit den 1970er Jahren ein Denkmal für die ermordeten Häftlinge des »Zigeunerlagers«.

Nachdem das Schicksal der Sinti und Roma in den Geschichtserzählungen der KZ-Gedenkstätten Buchenwald, Sachsenhausen, Ravensbrück, Dachau, Bergen-Belsen u. a. jahrzehntelang kaum eine Rolle spielte, änderte sich das seit den 1970er/1980er Jahren. Vor allem die sich formierende Bürgerrechtsbewegung der Minderheit erzwang mit ihren Aktionen ein Umdenken. Das begann im Jahr 1980, als eine Gruppe um Romani Rose mit einem Hungerstreik in der Gedenkstätte Dachau erreichte, dass in einem Nebenraum des Ausstellungsgebäudes eine Tafel aufgehängt werden konnte mit der Inschrift: »Zum Gedenken der Zigeuner, die hier während der NS-Zeit ermordet wurden«. In Ravensbrück wurde zu Beginn der 1990er Jahre den dort inhaftierten Sinti und Roma ein Gedenkraum im ehemaligen Lagergefängnis gewidmet. Ein eindrucksvolles Stelen-Ensemble steht seit 1995 auf dem Gelände des ehemaligen Blocks 14 des Konzentrationslagers Buchenwald.

In zahlreichen Städten und Gemeinden, in denen Sinti bis vor ihrer Inhaftierung gelebt hatten, gibt es mittlerweile Erinnerungszeichen oder Stolpersteine für einzelne Familien, einzelne Personen. Initiatoren solcher lokalen Erinnerungsprojekte, die hier nicht im Mindesten alle aufgezählt werden können, waren und sind häufig der Zentralrat deutscher Sinti und Roma, seine einzelnen Landesverbände sowie das Dokumentations- und Kulturzentrum in Heidelberg. Am Hauptbahnhof von Bayreuth zum Beispiel erinnert eine Tafel daran, dass von dort aus die Sinti der Stadt in die Vernichtungslager verschleppt wurden. Am Düsseldorfer Alten Hafen steht seit 1995 ein Abguss der in den 1960er Jahren von Otto Pankok geschaffenen Bronzefigur des Mädchens Ehra, die als eine der wenigen Insassen des Zwangslagers am Höherweg die Verfolgung überlebte.

Erstmals erwähnt die 2016 neu gestaltete Dauerausstellung in der Gedenkstätte Buchenwald die Deportation von Willy Blum nach Auschwitz und die Verknüpfung seiner Geschichte mit der von Stefan Jerzy Zweig. Die Namen von Willy und Rudolf Blum sind auch an einem anderen Ort auf dem Gedenkstättengelände präsent. Die Initiative »Gedenkweg Buchenwaldbahn« rief im Jahr 2009 ein partizipatives, wachsendes Denkmal ins Leben. Bis zum Juni 2013 verlegten Mitglieder eines lokalen Geschichtsvereins und Teilnehmer von internationalen Work-Camps am Ort des ehemaligen Lager-Bahnhofs 200 Steine zur Erinnerung an die 200 Kinder und Jugendlichen, die am 26. September 1944 dort in den Zug nach Auschwitz getrieben wurden. Auf jedem Stein steht der Name eines der Kinder. Biographische Angaben zu einigen von ihnen sind mittlerweile im Internet abrufbar. Die Arbeit daran ist nicht abgeschlossen.

Meine Suche nach den Spuren der Geschichte von Willy Blum und seiner Familie hat ebenfalls Erinnerungsinitiativen angestoßen. Im Harzstädtchen Rübeland möchte der Ortschronist Christoph Unger gern eine Gedenktafel am Geburtsort von Willy anbringen. Auf meine Fragen hin schickte er mir eine historische Postkarte vom Gasthof »Zu den vier Linden«, dem vermutlichen damaligen Spielort des Marionettentheaters. Er bekam heraus, an welchem Platz früher die Wohnwagen gestanden hatten, und fotografierte den Mühlbach, der immer noch dort fließt, während Gasthof und Mühle ebenso wie die Baracke des Müllers, in der Willy 1928 geboren wurde, nicht mehr existieren.

In Hoyerswerda halfen Elke Roschmann, die Leiterin des Stadtmuseums, und Martina Noack, die Leiterin des Stadtarchivs, mit vielen Informationen und Details aus Geschichte und Topographie der Stadt, das Leben der Familie Blum an ihrer letzten Station vor der Deportation plastisch werden zu lassen. Das Schloss, in dem sich das Museum befindet, diente damals als Stadtgefängnis und Amtsgericht. In einer der Zellen im Erdgeschoss war Aloys Blum zwei Monate lang inhaftiert und auch Toni Blum, ihre Kinder und Enkel wurden dort einige Stunden lang festgehalten, ehe ein Sonderzug sie nach Breslau in ein Sammelgefängnis brachte. Nach der Befreiung zog die sowjetische Militärverwaltung in das Gebäude ein. Für einige Zeit war eine der Blum-Töchter dort beschäftigt.

Die Leiterin des Stadtmuseums plant, in der zu erneu-ernden Ausstellung im Schloss eine Tafel der Familie Blum zu widmen. Das Schicksal von Willy Blum, die Lebensgeschichten seiner Geschwister und Eltern wer-den so zu einem Teil der Geschichte von Hoyerswerda. Es werden dann auch Mädchen und Jungen vor dieser Tafel stehen, die heute die Schulen besuchen, aus denen Willy, Rudolf und Dora vertrieben wurden. Kinder, die heute so alt sind, wie die drei damals waren.

Quellen

Biographische Daten im gesamten Text zu den Mitgliedern der Familie Blum stammen – wenn nicht ausdrücklich anders angegeben – aus den jeweiligen Korrespondenzakten des ITS-Digital Archivs Bad Arolsen sowie aus den Entschädigungsakten im Niedersächsischen Landesarchiv Hannover.

Aloys Blum (Korrespondenzakte CI-22191)
Toni Blum (Korrespondenzakte 6.3.3.2/93075631–93075634
    u. 1.1.2.1/531320)
Anna Blum (Korrespondenzakte 6.3.3.2/87275672)
Hugo Blum (Korrespondenzakte 6.3.3.2/93756495)
Therese Geissler, geb. Blum (Korrespondenzakte
    6.3.3.2/99370310)
Elisabeth Blum (Korrespondenzakte 6.3.3.2/85607125)
Elli Schopper, geb. Blum (Korrespondenzakte
    6.3.3.2/90382000)
Willy Blum (Korrespondenzakte 6.3.3.2/92312605)
Dora Blum (Korrespondenzakte 6332/93133313)
Rudolf Blum (Korrespondenzakte 6.3.3.2/92312619)
Karl Blum (Korrespondenzakte 6.3.3.2/90508361)
Alfred Blum (Korrespondenzakte CI-435)
Siegfried Blum (Korrespondenzakte 6.3.3.2/90508347)

Ausführlichere biographische Informationen, eidesstattliche Erklärungen, Zeugenaussagen, Dokumente u. a. entnahm ich den Entschädigungsakten im Niedersächsischen Landesarchiv, aus dem Bestand 110 W Acc 14/99:

Aloys Blum (Nr. 100399)

Toni Blum (Nr. 1526)

Anna Blum (Nr. 229443)

Hugo Blum (Nr. 125090)

Therese Geissler, geb. Blum (Nr. 128362)

Elisabeth Blum (Nr. 102927)

Dora Blum (Nr. 106245)

Die Zitate von Ella Braun stammen aus meinem Interview mit ihr sowie aus zahlreichen anschließenden Telefongesprächen.

Die Zitate von Elli Schopper entnahm ich dem Zeitzeugengespräch, das die Mitarbeiter des Dokumentations- und Kulturzentrums deutscher Sinti und Roma, Frank Reuter und Emran Elmazi, mit ihr am 8. September 2016 in Grünstadt führten und dessen Transkript sie mir dankenswerterweise zur Verfügung stellten.

Einige andere Äußerungen von Elli Schopper hat mir ihre Tochter Ella Braun als Antwort auf meine Fragen schriftlich oder mündlich übermittelt.

Schließlich hatte ich am 27. Oktober 2017 doch noch die Gelegenheit, Elli Schopper in ihrer Wohnung in Mülheim/Ruhr kennenzulernen. Was sie mir bei dieser Gelegenheit mitteilte, ist ebenfalls in diesen Text eingeflossen.

Anmerkungen

Einleitung

Die Kenntnis der Geschichte von Stefan Jerzy Zweig verdanke ich vor allem dem Bericht seines Vaters Zacharias Zweig: »Mein Vater, was machst du hier ...? Zwischen Buchenwald und Auschwitz. Der Bericht des Zacharias Zweig«, erschienen in Frankfurt/Main 1987. Zur Instrumentalisierung seines Schicksals siehe: Bill Niven: »Das Buchenwaldkind. Wahrheit, Fiktion und Propaganda«, Halle/Saale 2009. Der Roman von Bruno Apitz »Nackt unter Wölfen« wurde bei Aufbau Berlin 2012, kommentiert und um die Entstehungsgeschichte erweitert, erneut herausgegeben.

Die Bescheinigung des Lagerarztes August Bender vom 23. September 1944 sowie die Transportliste von Buchenwald nach Auschwitz vom 25. September 1944 befinden sich im ITS-Archiv Bad Arolsen unter den Signaturen: 1.1.5.1/5340714 und 5287519.

Ebenfalls im ITS-Archiv liegen die im KZ Buchenwald ausgefüllten Häftlingspersonalkarten unter den folgenden Doc-Id.-Nummern: Willy Blum (5558954), Rudolf Blum (5558830), Aloys Blum (5558149), Karl Blum (5558122), Siegfried Blum (5558885) und Alfred Blum (5558141).

Die Geburtsurkunde von Willy Blum übersandte mir Frau Sievers vom Standesamt der Stadt Oberharz am Brocken, zu der Rübeland heute gehört.

Das in Auschwitz-Birkenau geführte »Hauptbuch der Zigeuner« (APMO, D-AuII-3/1) und das »Hauptbuch der Zigeunerinnen« (D-AuII-3/2/1) wurden 1993 als »Gedenkbuch. Die

Sinti und Roma im Konzentrationslager Auschwitz-Birkenau«
von der Gedenkstätte Auschwitz herausgegeben.

1. Mit dem Theater von Ort zu Ort

Mein Wissen über die versunkene Welt des Wandermarionettentheaters entnahm ich den Publikationen von Olaf Bernstengel und Lars Rebehn »Volkstheater an Fäden. Vom Massenmedium zum musealen Objekt – sächsisches Marionettentheater im 20. Jahrhundert«, Halle/Saale 2007 sowie von Olaf Bernstengel und Frank Höhler: »Sächsisches Wandermarionettentheater. Einst zogen von Gasthof zu Gasthof ...«, Dresden 1995.

Die Zitate aus den Erinnerungen des Marionettenspielers Kurt Listner befinden sich in dem von Johann Moser/Lars Rebehn/Sybille Scholz herausgegebenen Band: »Mit großer Freude greif ich zur Feder – Autobiographische und biographische Zeugnisse sächsischer Marionettenspieler«, Dresden 2006, auf den Seiten 185, 187, 194 und 195.

Die Geburtsurkunde von Aloys Blum übersandte mir die Standesbeamtin der Verbandsgemeindeverwaltung Konz, Frau Doris Hauser.

Der Tagebucheintrag von Victor Klemperer stammt aus der Edition: »Leben sammeln, nicht fragen wozu und warum. Tagebücher 1918–1925«, Berlin 1996, S. 901 f.

Eine Kopie der Geburtsurkunde von Dora Blum erhielt ich vom Standesbeamten der Stadt Arnstadt, Herrn Uwe Smerling, zugeschickt.

Den Eintrag von Aloys Blum im provisorischen Mitgliederverzeichnis der Fachschaft Puppenspiel von 1934 übermittelte mir freundlicherweise Lars Rebehn, Kurator der Abteilung Puppenspiel der Sächsischen Kunstsammlungen Dresden.

2. Das Netz der Verfolgung

Das Zitat aus dem »Gesetz zum Schutz des deutschen Blutes und der deutschen Ehre« habe ich aus dem von Romani Rose herausgegebenen Katalog zur ständigen Ausstellung im Dokumentationszentrum Heidelberg: »Den Rauch hatten wir ständig vor Augen. Der nationalsozialistische Völkermord an den Sinti und Roma«, Heidelberg 1999, S. 33. Das Zeugnis des Sinto Josef Reinhard befindet sich auf Seite 54.

Zur Erklärung: Die Minderheit der Sinti war überwiegend in Deutschland ansässig. Von den Roma spricht man, wenn die Minderheitengruppe auf dem Balkan, in der Tschechoslowakei und in Österreich lebte.

Bei der Darstellung der rassistischen Willkürmaßnahmen gegen die Sinti und Roma und der Theorien von Robert Ritter stütze ich mich außerdem auf die Publikationen von Reimar Gilsenbach: »Oh Django, sing deinen Zorn. Sinti und Roma unter den Deutschen«, Berlin 1993; von Michael Zimmermann: »Rassenutopie und Genozid. Die nationalsozialistische ›Lösung der Zigeunerfrage‹«, Hamburg 1996 (vor allem die Seiten 80 und 140).

Die überlieferten Akten der »Rassenhygienischen Forschungsstelle« und der »Reichszentrale zur Bekämpfung des Zigeunerunwesens« befinden sich im Bundesarchiv Berlin unter der Signatur R 165. Ich habe dort die Akten bzw. Karteikästen mit den Nummern 51, 52, 115 u. 138 (Genealogie) eingesehen.

Heiko Haumann erklärt in: »Die Akte Zilli Reichmann. Zur Geschichte der Sinti im 20. Jahrhundert«, Frankfurt/Main 2016, S. 79 ff., die Umstände, unter denen die Akten aus dem Archivkeller der Tübinger Universität ins Bundesarchiv gelangten.

Die polizeiliche Personalakte und das Gutachten zu Berthold Blum befinden sich im Landesarchiv Sachsen-Anhalt unter der Signatur C29 Anhang II, Z 588.

Olaf Bernstengel und Lars Rebehn erläutern in ihrem Buch »Volkstheater an Fäden« (auf den Seiten 147 ff.) das Problem der Marionettenspieler, ihre »arische Herkunft« nachweisen zu müssen.

Die Erinnerungen von Erich Kleinhempel sind in »Mit großer Freude greif ich zur Feder« auf den Seiten 166 ff. nachzulesen.

3. Hoyerswerda

Das Schülerverzeichnis der Knabenschule, in dem Willy und Rudolf Blum als Schüler eingetragen sind und in dem auch der Abbruch ihres Schulbesuchs aufgrund der Verhaftung vermerkt ist, befindet sich im Stadtarchiv Hoyerswerda Nr. 4413.

Die Geburtsurkunde von Johann Geissler, ebenso wie die Eheurkunde von Therese und Julius Geissler, ausgestellt vom Standesamt in Schwarzkollm, übermittelte mir die Stadtarchivarin von Hoyerswerda Martina Noack.

Die Autobiographie von Helga Müller »Hoyerswerda – mein Leben. Erinnerungen an die Jahre 1936–1951«, erschien im Jahr 2008 in Guben.

Der Eintrag über Hugo Blum im »Hauptbuch des Zigeunerlagers Auschwitz-Birkenau« befindet sich unter der Signatur 1.1.2.1/531204 im Archiv des ITS Bad Arolsen.

Den Vermerk über Doras »Austritt aus der hiesigen Schule« fand ich in ihren Entschädigungsakten. 1958 hatte der Direktor der Hoyerswerdaer Mittelschule II, Langnickel, diese Angabe aus dem Schülerverzeichnis von 1942/43 nach Hannover übermittelt.

4. Odyssee durch die Konzentrationslager

Die Ankunftsdaten der Transporte, die Zahl der Häftlinge und ihre Registrierung im KZ Auschwitz, die Geburten und Todesfälle hat Danuta Czech im »Kalendarium der Ereignisse im Konzentrationslager Auschwitz-Birkenau 1939–1945«, erschienen 1980 in Reinbek, dokumentiert.

Bei der Schilderung der Situation im »Zigeunerlager« von Auschwitz-Birkenau stütze ich mich auf die Publikation von Karola Fings und Frank Sparing: »Rassismus – Lager – Völkermord. Die nationalsozialistische Zigeunerverfolgung in Köln«, erschienen in Köln 2005, und auf die Überblicksdarstellung von Karola Fings: »Sinti und Roma. Geschichte einer Minderheit«, München 2016.

Das überlieferte Lehrlingsverzeichnis der Maurerschule des KZ Auschwitz befindet sich heute im digitalen Archiv des Simon Wiesenthal Center, New York.

Szymanski, von dem Elli Schopper spricht, war Häftlingsarzt im Krankenrevier des Zigeunerlagers.

Die Formblätter der Laboruntersuchungen des SS-Hygieneinstituts Auschwitz, auf denen Namen von Mitgliedern der Familie Blum verzeichnet sind, befinden sich im ITS Digital Archiv Bad Arolsen unter den Nummern: 1.1.2.1/544485, 544190, 543951, 527837, 527336, 539424 und 537965.

Die Widerstandsaktion im »Zigeunerfamilienlager« schildert Otto Rosenberg in seiner Autobiographie »Das Brennglas« auf den Seiten 78 ff., aufgezeichnet hat seine Erzählung Ulrich Enzensberger, das Buch erschien in Berlin 2012.

Das Schreiben von Rudolf Weisskopf, das er am 10. Juli 1964 an den hessischen Staatsanwalt Fritz Bauer richtete, habe ich dem Buch von Heiko Haumann »Die Akte Zilli Reichmann« (Seite 180) entnommen.

Zur Situation der Sinti und Roma in Mittelbau-Dora und

Bergen-Belsen: Thomas Rahe/Jens-Christian Wagner »Sinti und Roma als Häftlinge im KZ Bergen Belsen«, in: Stiftung Niedersächsische Gedenkstätten, Jahresbericht 2014, Seiten 8–11.

Biographische Angaben zu einigen der Kinder und Jugendlichen, die zusammen mit Willy und Rudolf Blum im Block 47 lebten und zurück nach Auschwitz deportiert wurden, stehen auf der Website der Gedenkstätte Buchenwald, Stichwort »Gedenkweg Buchenwaldbahn – Gedenksteine Buchenwaldbahn«.

Delia Müller und Madlen Lepschies haben in ihrem Buch »Tage der Angst und der Hoffnung. Erinnerungen an die Todesmärsche aus dem Frauen-Konzentrationslager Ravensbrück Ende April 1945« (Berlin o. J.) die Wege der einzelnen Kolonnen, ihre verschiedenen Stationen sowie die Orte ihrer Befreiung rekonstruiert.

Das Geburtenbuch des KZ Ravensbrück, in dem die Geburt und der Tod von Ellis Tochter Gisela dokumentiert ist, befindet sich im ITS Digital Archiv Bad Arolsen unter der Signatur: 1.1.35.1/3768114.

5. Nach der Befreiung

Esther Bejarano erzählt in ihrer 2013 in Hamburg erschienenen Autobiographie »Vom Mädchenorchester in Auschwitz zur Rap-Band gegen rechts« von dem Todesmarsch, der für sie in Lübz endete.

Die Liste des Hamburger »Komitees ehemaliger politischer Gefangener« befindet sich in Hugo Blums Korrespondenzakte im ITS-Archiv Bad Arolsen.

OdF-Ausschüsse waren die zunächst spontan gebildeten Ausschüsse der Opfer des Faschismus auf zentraler, regionaler und lokaler Ebene, die bald darauf in der sowjetischen Besatzungszone institutionell verankert wurden.

Zu dem Leidensweg von Julius Geissler von Auschwitz-Birkenau über Buchenwald, Mittelbau-Dora und Bergen-Belsen siehe seine Korrespondenzakte Nr. 6.3.3.2/107875065 ITS Digital Archiv Bad Arolsen.

6. Ent-Schädigung

Die »Sonderhilfsausschüsse« waren die Vorläufer der Entschädigungsbehörden auf Kreis- und auf Landesebene. Sie agierten bereits vor der Verabschiedung des Bundesentschädigungsgesetzes im Jahr 1953 bzw. 1956.

Der Briefwechsel zwischen dem Kreis-Sonderhilfsausschuss Bremervörde und dem Rechtsanwalt Müller liegt im Niedersächsischen Landesarchiv Stade, Rep 210, Nr. 890, Akte Aloys Blum 400151.

Über die Medizinverbrechen von Carl Clauberg in Auschwitz und Ravensbrück siehe: Ernst Klee: »Auschwitz, die NS-Medizin und ihre Opfer«, Frankfurt/Main 2001, auf den Seiten 436 ff. Außerdem: Hans-Joachim Lang: »Die Frauen von Block 10. Medizinische Versuche in Auschwitz«, Hamburg 2013.

Reimar Gilsenbach veröffentlichte den Text unter dem Titel: »Sinti und Roma – vergessene Opfer« in dem von Annette Leo und Peter Reif-Spirek herausgegebenen Band »Vielstimmiges Schweigen. Neue Studien zum DDR-Antifaschismus«, Berlin 2001, auf den Seiten 67–83.

Der Gewerbeschein von Julius Richter ist auf Seite 123 des deutsch-englischen Ausstellungskatalogs »Theaterfigurenmuseum Lübeck« (o. O., o. J.) abgebildet.

Dokumente über die Familien Richter und Heilig in Hornburg sind im Stadtarchiv Hornburg, Ratsarchiv unter den Signaturen 2274, 2294 und 106 zu finden.

Die Familie Blum/Richter

Die Eltern von Aloys Blum waren
- Berthold (auch Bernhard) Blum (geb. 1854), Zirkusbesitzer
- Karoline Blum, geborene Vogel (geb. 1853)

Sie hatten zusammen fünf Kinder:
- Leopold Franz Blum (geb. 1880)
- Karl Blum (geb. 1885)
- Aloys Blum (geb. 1891)
- Artur Blum (Geburtsdatum nicht bekannt)
- Der Name der jüngsten Schwester ist nicht bekannt

Karl Blum war Schausteller und verheiratet mit Alma Blum, geborene Heilig (geb. 1886). Ihre Kinder waren:
- Walter Blum
- Alfred Blum (geb. 1906), Artist
- Adelheid Blum (geb. 1910)
- Wilhelmine Blum (geb. 1911)
- Siegfried Blum (geb. 1914), Musiker

Aloys Blum war Marionettentheaterbesitzer und verheiratet mit Toni Blum, geborene Richter (geb. 1893). Ihre Kinder waren:
- Willy Richter (geb. 1916), Schausteller
- Anna Blum (geb. 1919), Artistin
- Hugo Blum (geb. 1920), Marionettenspieler und Kammerjäger
- Therese Blum (geb. 1921), Schaustellerin

- Elisabeth Blum (geb. 1923), Artistin
- Elli Blum (geb. 1924), Artistin
- Ella Blum (geb. 1925), Artistin
- Willy Blum (geb. 1928, gest. 1944 in Auschwitz), Marionettenspieler
- Dora Blum (geb. 1930), Artistin
- Rudolf Blum (geb. 1934, gest. 1944 in Auschwitz)

Die Eltern von Toni Blum, geborene Richter, waren
- Adolph Richter (geb. 1863), Kunstfigurentheaterbesitzer
- Anna Richter, geborene Heilig (geb. 1865)

Von ihren insgesamt 13 Kindern sind uns nur namentlich bekannt
- Berta Richter (geb. 1892)
- Toni Richter (geb. 1893)

Friedrich Richter, Bruder von Adolph Richter (Marionetten-theaterbesitzer), verheiratet mit Christiane Friederine Richter, geborene Pohl. Einer ihrer Söhne war
- Julius Richter (geb. 1879), Marionettentheaterbesitzer, verheiratet mit Rosalie Richter, geborene Pohl (geb. 1877)

Die Enkelkinder von Aloys und Toni Blum:
- Rudolf Blum (geb. 1940, gest. 1943 in Auschwitz), Sohn von Anna Blum und Bernhard Heilig
- Johann Siegfried Blum (geb. 1941, gest. 1943 in Auschwitz), Sohn von Therese Blum und Julius Geissler
- Hans-Jürgen Schopper
- Ella Braun, geb. Schopper
- Rolf Schopper
- Peter Schopper. Sie alle sind Kinder von Elli Schopper, geb. Blum, und Otto Schopper

Dank

Zuallererst danke ich den Familienangehörigen von Willy Blum, insbesondere seiner Schwester Elli Schopper und seiner Nichte Ella Braun, für ihre Bereitschaft, mit mir zu sprechen und Fotos aus dem Familienbesitz für die Publikation zur Verfügung zu stellen. Für ihre Hilfe danke ich ebenso Frank Reuter und Emran Elmazi vom Dokumentations- und Kulturzentrum der deutschen Sinti und Roma in Heidelberg, insbesondere dafür, dass sie mir das von ihnen geführte Interview mit Elli Schopper zugänglich gemacht haben. Martina Noack und Elke Roschmann vom Stadtarchiv und Stadtmuseum Hoyerswerda haben mich engagiert mit Informationen und Dokumenten aus der Hoyerswerdaer Geschichte unterstützt. Dr. Christoph Unger vom Harzklub-Zweigverein Rübeland kreiste mit seinen Recherchen den Ort ein, an dem die Baracke gestanden haben muss, in der Willy Blum damals geboren wurde. Dem Kurator der Staatlichen Kunstsammlungen Dresden, Lars Rebehn, und dem Puppenspieler Peter Waschinsky verdanke ich viele Informationen und Hinweise über die alte Tradition des Wandermarionettentheaters und über Familiengeschichten der Marionettenspieler. Der Historiker Harry Stein von der Gedenkstätte Buchenwald stellte mir seine Recherchen zu Willy Blum zur Verfügung. Meine Kollegin Verena Buser gab mir Einsicht in das Lehrlingsverzeichnis der Maurerschule in Auschwitz. Axel Braisz vom ITS-Archiv Arolsen erfüllte zeitnah und präzise meine Wünsche nach immer weiteren Häftlingsunterlagen. Frau Annika Schulte führte mich und den Fotografen Hubertus Gollnow durch das Depot des Theaterfigurenmuseums Lübeck und öffnete uns die Kisten mit dem Nachlass der Familie Richter. Sybille Heise vom Stadtarchiv Hornburg schließlich förderte beinahe am Schluss meiner Recherchen aus den Ratsdokumenten unerwartete Einblicke in die Geschichte der Künstlerfamilie Blum/Richter zutage, die so bis weit ins 19. Jahrhundert zurückverfolgt werden konnte.

Ein besonderer Dank gilt Romani Rose und Peter Reif-Spirek, die beide mit ihrem Engagement den Anstoß für diese Arbeit gegeben haben.

Bildnachweis

Privatarchiv 1, 4, 10, 11, 23

Standesamt Oberharz 2

Fundus Hugo Ehrt, Rübeland 3

Hubertus Gollnow 5

Sächsische Landesbibliothek 6

Archiv der Autorin 7

Stadtarchiv Hoyerswerda 8, 9, 12

ITS-Archiv Bad Arolsen 13, 14, 15, 16

Niedersächsisches Landesarchiv 17, 18, 19, 20, 21, 22

Dokumentations- und Kulturzentrum Deutscher Sinti
    und Roma 24

Bruno Apitz
Nackt unter Wölfen
Roman
586 Seiten. Broschur
ISBN 978-3-7466-3026-7
Auch als E-Book erhältlich

Ein Welterfolg in neuem Licht

Diese Geschichte hat Generationen bewegt: Im Frühjahr 1945 wird ein dreijähriger Junge in das KZ Buchenwald eingeschleust. Wenn die SS ihn findet, ist ihm der Tod ebenso gewiss wie seinen Beschützern. Gegen alle Vernunft verstecken zwei Häftlinge das Kind, obwohl sie damit die Vorbereitungen des illegalen Lagerkomitees für einen Aufstand gefährden. Das Überleben des Jungen wird zum Sinnbild für den Überlebenswillen der Häftlinge. Der Roman entstand frei nach Motiven einer wahren Begebenheit. Man rezipierte ihn jedoch als Tatsachenbericht, und die Geschichte der Rettung des Kindes wurde in der DDR zum Symbol des antifaschistischen Widerstandskampfes. Was bisher nicht bekannt war: Apitz hatte die Rolle der Kommunisten ursprünglich viel konfliktreicher angelegt.

»In ›Nackt unter Wölfen‹ triumphiert die einfache Menschlichkeit.«
Marcel Reich-Ranicki

Regelmäßige Informationen erhalten Sie über unseren Newsletter. Jetzt anmelden unter: www.aufbau-verlag.de/newsletter

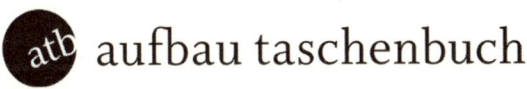